子どもの心が
聴こえますか？

バーチャル時代の子育て３つのキーワード

子どもの心理カウンセラー
富田富士也

もくじ

【夏】

【秋】

第3章　「子どもの気持ち」を聴く40のエピソード

第4章 子育てハート《カウンセリングマインド》の原点は保育

まえがき

インターネット社会といわれます。

携帯電話とメールは、現代社会では欠かすことのできない存在です。

子ども社会も、ネット文化に染まっています。ネットや携帯電話でのコミュニケーションが盛んで、これなくしては「友だち関係」がつくれないほどです。

でも、その反面、ネットによって友だち関係がくずれたり、あるいは非行に走ったりすることもあります。

親もこうした現状に戸惑っています。

「ネットがほんとうに、人間関係にプラスになっているのだろうか」

と自問自答していたら、わたしの娘が、こう言いました。

「お父さんは、古いよ。携帯やメールで、悩み事を打ち明けたり、いろいろおしゃべりしたり、人間関係に役に立っているよ。携帯のない世の中なんて考えられないよ」

と笑われてしまいました。たしかにその通りだと思います。

その通りなのですが、わたしはいまひとつ、なんだか納得できませんでした。

もっと、違う人間関係があるのではないだろうか、大切な何かを失ってはいないだろうかと、思うのです。わたしとおなじように、心配されている親御さんも多いのではないでしょうか。携帯やメールも人間関係をつくるうえでは大切ですが、それが原因で、多くの憂慮すべき「事件」が起こり、子どもたちの心から大切な「何か」が消えかかっているような気がするのです。

この本では、ネット社会とは違う、生身の人間関係の子育てを考えたいと思います。わたしは、生身の人間関係こそが、ネット社会で失われつつある「温かな関係」をつくるのではないかと考えます。

親子で、ネット社会では得られない血の通った人間関係に思いを馳せていただければと思います。

＊　＊

子どもと親の最初の人間関係は、「産声」からはじまります。

親は、子の産声に、親の自覚をうながされ、「生まれてきてありがとう」と心底思います。そして、自分の子どもとして生まれてきてくれたことに、感謝します。

親のこうした、無垢の気持ちを、わたしは「産声の心」と呼びたいと思います。

この産声の心こそが、子育ての原点だと思います。ですから、わが子の子育てに迷ったときは、この産声の心に立ち戻ってください。

泣くだけの赤子なのに、いつしかその喃語《なんご》を聴き「これはミルクをほしがっている声」

「これはオムツが濡れた声」と、親はわかるようになります。なぜなのでしょうか……。

赤ちゃんの泣き声や表情のなかに込められた心・気持ちを親が必死でわかろうとするから、理解できるようになるのですね。「産声の心」「喃語の声」とは、すなわち「聴く心」でもあるのです。

さて、年月がすぎ、赤ちゃんは少年・少女に育ちます。

赤ちゃんのときは、「泣くこと」で、親に切ないメッセージを伝えましたが、少年・少女に育ったわが子は、「グチ」「弱音」「悪態」といった〝泣き声〟で、その気持ちを、その心を伝えようとします。泣き声ではなくて、親への〝反抗〟という形になってはいるものの、「親に心を伝えたい。自分の気持ちをわかってほしい」との思いは、赤ちゃんのときとおなじなのです。そう思うと、泣き虫の涙は悔し涙なんですね。いじらしく、健気です。

「クソババァ」と言われても、「悔しさの照れ隠し」と思えますよね。悔しさをグチや弱音に置きかえて吐いてくれているうちが〝花〟ですね。すると、子どもの心が見えてきますよね。これは、けっして携帯電話やメールでは共感できないことです。

さぁ、「産声の心」を思い出しましょう。そして、あなたの温かい手で、子どもの頭をなでてあげましょう。ネットでは得られない喜びを、その手の温かさのなかに、きっと子どもは感じてくれるはずです。

二〇〇四年十月五日　富田富士也

第1章　子どもが心を開く、3つの「魔法の扉」

さて、最初にこの本の要点をお話しましょう。

子どもの心を開くための大切なポイントを紹介しましょう。

本書のなかでもくわしくふれていきますが、ここでは、いますぐに実行できることを中心に述べることにします。

子どもの心を開くためのポイントはつぎの三つです。

まず**「手間をかけること」**です。

次に**「聴くこと」**です。

そして、最後に**「肯定してあげること」**です。


それでは、この三つのポイントについてお話したいと思います。

あわせて、それを実行するためのコツも紹介します。

細かい点については、本文中で随時ふれていきたいと思います。

第1の扉……【手間をかける】手間をかけるコツは「楽しみ」

人の話を聞いたりするのは、手間がかかりますね。子どもの話を聞くのも手間がかかります。すぐに結論を言うわけではないし、親の目から見たら、実にくだらない話が多いものです。

でも親にとってみたらくだらないかもしれませんが、子どもにとって、それはくだらない話ではありません。くだらない話ばかりする子、親にとって時間のかかる子を、わたしたち大人は「手の焼ける子」とか「困った子」といいますね。でも、子どもはぜんぜん困らない。親が困っているだけです。

いまの世の中、なんでも効率的です。みなさんは、人間関係も効率的に考えようとしていませんか？　「もっと効率よく話しなさい、行動しなさい」と口癖になっている人はいませんか。だからいつの間にか人間関係を関係性でみないで数値ではかり、損得勘定しがちです。

ところが、人間関係ほど非効率的なものはありません。とくに、子育てとか親子関係は効率的に考えようとしても、無理があります。無理があるのに効率的にしようとする。当然、どこかで破綻してしまいます。

効率的な人間関係のみでつくられた社会は、言い換えると「都合のいい人間だけが集まった社会」です。都合の悪い人間は、その社会からつまみ出されることになります。

都合の悪い人間とは、「手間のかかる人」「融通のきかない人」「グズグズしている人」などです。困った人のことですね。わたしたち大人は、これを恐ろしいことに、子どもに当てはめることがあります。

「そんなにグズグズしていると、置いて行っちゃうわよ」

「そんなことしていると、仲間外れにされちゃうぞ」

こんなふうに、子どもに言ってしまう親は多いと思います。

現在の社会が、合理的にできていることを親は知っていますから、これから社会の一員として成長していくわが子の〝教育の一環〟の意味で、こんなふうに言ってしまうのですが、都合のいい人間だけが集まった社会は、つまらないと思います。

いろいろなタイプの人間がいるから、世の中、おもしろいのですよね。タイプがひとつではないから、お互いに学びあうこともできます。童謡詩人の金子みすずさんの「みんなちがって、みんないい」のとおりです。

世の中をおもしろい、楽しいと感じるには、手間をかけて、深みのある人間関係、家族関係をつくっていくことです。ケータイやメールも、ある意味では情報のやり取りを通じた人間関係です。でも、手間をかけることは少ないように思います。

手間をかけるというのは、煩わしさを請け負う、ということです。

人間関係ほど、思い通りにいかないものはありません。うまくいかないと、ものすごく、ストレスがたまります。だから、悩みも深くなります。でも、うまくいくとその分、喜びもおもしろ味も深まります。

いっぺんにうまくいかないからといって、スイッチをオフにしてしまうことが、「手間をかけない」ことで、スイッチをオフにすることなく、何度も何度も、手を替え品を替えて取り組むのが「手間をかける」ことです。とても面倒くさいです。「短時間で効率よく」ではありません。インターネット社会には相容れない存在ですね。

でも、それが「子どもの心を開く」ためには大切だと思います。

手の焼ける子で、いいではないですか。なぜ、ダメなのですか。親の都合に合わないから、ダメなのですか？

その子が生まれたその日のことを思い出してください。

ワーワーと泣くだけでしたよね。

なにもしゃべらなかったですよね。

おっぱいにかじりつくだけでしたよね。

顔、しわだらけで、髪の毛、ポヨポヨしてましたよね。

寝るだけ、泣くだけ、飲むだけの、手のかかる存在でしたよね。

でも、親の都合に合わないからといって、邪険にはしませんでしたよね。

思い起こせば、親子の人間関係の第一歩は、「手がかかる」「手間をかける」ことから始まっているんですよね。


インターネットが子どもを育てるわけではありません。あなたという親が、子どもを育てるのです。煩わしことに首を突っ込んでくれる親が、子どもを育てるのです。もっと、もっと手間をかけましょう。手間をかけることは、とても楽しいことなのです。

手間をかけることで、ときに背負う煩わしさと、すっきり、さっぱりすることで背負う孤独感を考えたら、関係性を深める煩わしさを大切にしたいと思います。

手間をかけるコツは、深まることが楽しいことであることを思い出すのが最初だと思います。嫌々手間をかけていては、長つづきしませんし、手間をかけられているほうも、なんだか嫌な気持ちですよね。

第2の扉……【聴くこと】聴くコツは一呼吸おいてから

二つ目のポイントは「聴くこと」です。

行き詰まった子どもが、聴いてもらうことで立ち直ることができた事例については、これから何度も説明します。それを通して、聴くことがいかに大切か、おわかりいただけると思います。

言葉を聞くのではなく、あくまでも「心」を聴くこと、気持ちを聴くことが重要で、言葉の意味を解釈することではありません。門構えの新聞の「聞」ではなく、耳に十四の心の「聴」ですね。

ところで、聴くことは簡単なようですが、ほんとうの意味で聴くことは、根気のいることです。

聴くことは、人間関係の基本なのですが同時に、煩わしいものであるからです。できれば聴かずにすませたい、という思いがどこかにあるからです。

でも、ちょっとした「コツ」があれば、さほど苦労しなくても、「聴くこと」ができるようになります。それを説明しましょう。

＊　＊

人間関係の原点は、家族です。

生まれてから死ぬまで、その縁は切れることがありません。いいことも悪いことも、共有します。子ども自慢、親自慢は家族だからできることです。これが他人にはわからない「身内の誇り」ということでしょう。そのまた逆に、「家族の面汚し」なんてこともありますね。

ところが、家族だからといっても、なんでもあり、ということではありませんよね。家族一員のそれぞれの立場というものがあります。ポジションといっていいかもしれません。親は子どもを育てる義務と責任があります。そのポジションで子どもに接します。父親には父親のポジション、母親には母親の視点と責任があり、それをもって子どもに接します。

子どもは、親から受け身の立場です。「育てられている」というポジションです。

「子どもは天真爛漫、思ったことはなんでも口にする」

と親は思っているかもしれませんが、そうではありません。

子どもは親の「顔色」をうかがいながら、「期待にこたえたい」と願って生きているものです。とても健気な存在です。健気な分だけ、親から裏切られたときの衝撃は大きなものになります。

その意味でいうと、「いい子」というのは、ちょうどラムネみたいなものです。あのカッチン玉がフタをして「いい子ラムネ」の心のなかに鬱積する不満を抑えています。でも、いちどパチンッとカッチン玉が落ちてしまうと、ワーッと不満が泡となってあふれてきます。ラムネならそれを飲んでしまえば、気分爽快となるのですが、「いい子ラムネ」の場合は、親がまともに、不満の泡を浴びることになります。気分爽快どころではありません。

子どもは「育てられている」という立場も忘れて、親やまわりの者たちへ悪態をつきます。

「クソババァ」

と母親をなじったり、

「クソジジィ」

と父親にはむかってきます。

そのとき、親であるあなたはどうしますか。

「叱るようなことはしません」

とおっしゃる親御さんもいるでしょうね。

でも、叱ってあたり前ですよね。親に向かって言う言葉ではありませんから。

日ごろから、両親のことを「クソババァ、クソジジィ」と言っている子なら、「ああ、またか」ですみますが、それまで「いい子ラムネ」だった子が泡をふいて怒っているのですから、親はびっくりして、叱って当然です。

でも叱る前に、ちょっと間《ま》をつけてほしいのです。そのちょっとの間が、相手に対するいたわりになり、ためらいにもなります。

「なんで、この子はこんなことを言うのだろう」

という思いやりですね。その思いやりが、「そう言わざるを得なかった心」を見る切っかけとなるのです。

悪気があって、子どもはそんなことを言っているわけではないのです。ただそんなふうに言ってみたかっただけなんですよね。言葉を聞いてほしいわけではないのです。気持ちを聴いてほしいんですよね。

だから、この「クソババァ」の叫びのうしろには「……」という、言葉にならない気持ちが余韻となるのです。そこを察して聴いているかが問われているのです。

あなただって、思わず相手のことを、「そこまで言うか」と思われるくらい、言ってしまうことはありませんか。

「どうしてわたし、外ではおとなしいのに、こうなっちゃうんだろう」

「なんで、連れ合いにここまで言ってしまうんだろう?」

とかあると思います。でも、そう言ってしまった瞬間に、相手から言葉尻を取られて言い返されると、売り言葉に買い言葉で、見境のない言い争いになってしまいます。

あなたもおなじように、そんなふうに激しく言ってしまうその気持ちを、聴いてほしいのではないですか。言葉ではなく、心を聴いてほしいから、必ず言葉のあとに、「……」という、無言の言葉があるはずです。

外ではおとなしい顔をしているお母さんが、自家用車のなかでは自分でも信じられないような激しく罵る言葉を吐いて運転していると、悩んでいましたが、それは安心して「……」を吐き出しているんですね。もちろんそれを外でそのまま言っていたら、つきあう人はいなくなってしまいます。だから「……」を察し合う人間関係が大切なんですね。

ですから、もし子どもから責められるような、激しい口調で言われたとしても、すぐに反論しないでください。相手の心を聴くためには、反論するまえに、間をおき、一呼吸入れることが大切です。そのしばしの時間に、あなたも、そして相手も、距離感といったものをつかむことができるんですね。

家族は人間関係の原点と言いましたが、ささいないざこざから言い争いになったりする機会がもっとも多いのが、実は家族だからです。子どものわがままから、親のエゴ、子どもの甘えから親の甘え……と四六時中人間関係に悩み、怒り、そして喜びを〝演出〟してくれるのが、〝家族劇場〟です。そうした家族の人間関係があればこそ、外であった様々な苦悩を、家族に打ち明け、聴いてもらえるのですね。外で受けた悔しい思いも、家族の誰かに聴いてもらえることで、癒されるのです。

わたしはいつも言うのですが、それが「還《かえ》る家」です。ハウスではなくてホーム、人の温もりのある心の居場所ですね。多くの場合は、それが家族なのですが、ときに友だちが「還る家」であったり、先生がそうだったりすることもあるのです。

＊　＊

長くなってしまいましたが、「聴くこと」のコツは、いま説明したこの「一呼吸おくこと」です。間《ま》と言っていいかもしれません。

相手の話を聴こうとしたら、まず、一呼吸おいてからです。

一呼吸おくことで、相手の言葉尻を取ることもなくなります。そして腰を据えて聴く姿勢がつくられます。

話す側からすると、「真剣に、時間をとって聴いてくれるんだな」と感じます。もし、一呼吸おくことも、じっくり時間をとって聴くこともできないようなら、「あとで聴く時間を確保するからね」と、猶予期間をもらうようにすればいいでしょう。あるいは、「いま時間がないから、三分間だけね。あとは、○○ごろ、時間がとれるから、そのときじっくり聴くね」と、約束してあげましょう。

第3の扉……【肯定すること】肯定するコツは「聴く」こと

さて、子どもの心を開くための、三つ目のポイントである「肯定すること」について説明しましょう。

人は自分が自分を肯定できず否定的になると、誰か弱い人間を引きずり出して、自分が優位、有利な地位に立とうとします。これは特別なことではありません。ごく日常的にみかけることです。コンプレックスとプライドの高さに、等身大の自分を見失い、素直な自分の気持ちを語ることができなくなります。

自分を肯定できなかったときは、弱い妻を引きずり出して、あるいはわが子を引きずり出して、自分が優位な地位に立とうとします。イジメにもそんな心が働いているのです。

「お父さんの顔をつぶすのか、俺の顔にドロを塗るのか」

と妻やわが子を責めます。もし否定的に見えてしまう自分自身をも肯定できるなら、

「お父さんも一生懸命やったんだけど……。みんなも一生懸命だったんだよな」

と思えてくるものです。

子どももやはりこのお父さんといっしょです。自分自身を肯定できないと、「弱い者攻撃」になりがちです。他者を攻撃することで優位に立とうとしてしまうものですね。相手を支配するというより、肯定してもらえない自分を、守っているんですね。これを防衛といいます。

では、自分を肯定してもらいたい、というときはどんな場合でしょうか。

勉強もできる、友だちもいっぱいいてみんなと仲良し、駆けっこも速いし、努力した分いつも報われる……こういう場面で、肯定されたいでしょうか。

それとも、勉強しても成績が上がらない、友だちと仲良くしようとしてもついケンカしてしまう、一生懸命走ってもいつもビリっけつ、努力しても報われない……こういう場面で肯定されたいでしょうか。

するとある親御さんがこう言いました。

「わたしは、子どもが頑張っても成績があがらないで苦しんでいるときは、『がんばれ、おまえならできる。わたしの子ですよ。もう少し努力すれば、必ず成績は伸びる』と励ましています。これって、肯定ですよね。プラス思考ですよね」

みなさんは、どう思いますか。

励ましと肯定は、似ているようですが違います。

努力して報われているときは、励ます言葉も意味を持ちます。でも、努力しても報われないとき、励ます言葉は、追いつめる言葉にしかなりません。「もっと努力しろ、努力が足りない」と暗に責め立てているからです。本人は一生懸命に努力しているのです。でもそれが思うように結果として表れない、だから苛立ち、焦り、苦悩しているわけです。

こういうときこそ、肯定が必要なのです。

では、どういう言葉が肯定となるのでしょうか。どういう言葉が本人にとって「肯定された」と感じるでしょうか。

むずかしいですね。

でも、ちっともむずかしくはないのです。

なにも特別な言葉を用意する必要はありません。

「聴く」だけでいいのです。余計な言葉はいりません。

いくら努力しても報われないその悔しい気持ちを、聴いてあげればいいのです。

「聴くだけでいいの?」と思われるかもしれませんが、聴くだけでいいのです。

悔しい気持ちを聴いてもらえるだけで、人は肯定されるのです。

でもまだ、「ほんとうにそうなの?」と疑問に思われている方もいるでしょう。

肯定することを、「適切なアドバイス」とか「悩みの解決」と思っていると、「ただ聴くだけ」ということに、不安を感じます。聴くことが「アドバイス」や「悩みの解決」につながるとは思えないからです。

ここで、肯定とはなにか、を簡単にご説明しましょう。

肯定とは、その存在をそのまま条件をつけないで認めてあげる、ということです。つまり「産声の心」に立ちかえることです。善し悪しに関係なく、その存在を認めることです。なにかの条件を満たしたら、認めることではありません。学校に行ったら認める、とか「お母さんの言うことを聞いたら認める」ということではありません。そして、もっとはっきり言うと、その事実にとらわれないで「気持ち」を認めるということです。

学校に行かなかった事実ではなく、「行かなかった気持ち」です。認めるとは、納得するということではありません。親や大人の感性では、子どもの気持ちを納得できないことは多いものです。納得できなくてもいいのです。

子どもが「○○の気持ちだった」と言ったら、

「◇子ちゃんは、○○の気持ちだったんだね」

とその気持ちを認めてあげるのです。これが肯定なのです。

特別なアドバイスも、解決策も必要ないのです。

じっくり、事実の裏側に隠れている気持ちを聴いてあげることが、すでに相手を肯定していることになるのです。

「自己肯定感の少ない子」というと、なにか子どもに問題とか責任があるように感じますが、自己肯定感はなかなか自分でつくれるものではなく、周囲との人間関係のやりとりのなかで、気づいていくものです。自分の努力や存在を認めてもらえるか、もらえないか、なのです。

自己肯定感の希薄な子は、弱点があからさまになって自己否定的で危機的な心になったとき、じっくり気持ちを聴いてもらうことが少なかった子、ともいえます。

子どもを肯定するコツ、それは「聴くこと」です。

子どもは、話を聴いてもらうことで、気持ちを、その心を聴いてもらうことができ、それが「自己肯定感」となります。

自己を肯定することができれば、子どもは安心して、その心を親やまわりの人に見せることができるのです。これが素直に等身大の自分を語れたときです。

以上、三つのポイントをご紹介しましたが、ご理解いただけたでしょうか。

「手間をかけること」
「聴くこと」
「肯定すること」

この三つは、つながっています。トライアングルの働きをしているのです。

わたしは、わたしも含めて、もう一度じっくり考えなくてはならないことがあると思います。それは……

わたしたちはどうしてわざわざ家族をつくるのでしょうか。

なぜわたしたちはわざわざ夫婦になり、親子になるのでしょうか。

……ということです。

それは、ひとりでは生きていけないからだと思います。親も子もひとりでは生きていけないのです。思いやりという保障がほしいのです。どんな苦境に立たされようとも、必ず誰かが、側にいてくれる、声をかけてくれる、かまってくれる、聴いてくれる、そういう空間が必要なのです。その空間は、「手間をかけること」「聴くこと」「肯定すること」によってつくられるものだと思います。

そのことがわかれば、「子どもの心が見えない」「子どもの心が聞こえない」のではなく、見えない、聞こえなくしているのは、実は自分自身なのだと気がつきます。

子どもにかぎらず、人の心は見えるものだし、聴こえるものです。そして、人は誰でも、「見てほしい」「聴いてほしい」と願っているものなのです。

どうぞ、手間をかけ、聴いてあげて、そして大いに肯定してあげてください。

そうすれば、きっと子どもの心が見えてきます。聴こえてきます。

第2章　素直になれない子どもたちの春夏秋冬

【1節】

カウンセラー日誌……
子どもの〝息づかい〟が聴こえてきますか

一方通行でない関係づくり

いまは成人して福祉施設につとめている長女（22歳）が、職場のボーリング大会を終えて深夜、わが家に帰宅しました。娘は風呂からあがると、机に向かうわたしの部屋を通りすぎながら、「おやすみ」と言って自分の部屋に入りました。わたしも執筆中の原稿から気を抜くと、数秒おくれて「おっ、おやすみ」と返事をしました。その瞬間、なんともありがたい幸福感に包まれたのです。

あたり前のこと、と言ってしまえばそれまでのことですが、二十二年間という歳月、ずっと娘から「おとうさん、おやすみ」と呼んでもらえている身のしあわせです。それはそのまま親と子、先生と生徒の関係にも置き換えられます。すると、「声をかけて返事してくれるうちが花だな。門限を守ってくれるうちが花だな」という実感になるのです。

人は、当てにもならない人には、なにか別な意図がないかぎり声をかけたり、関わりを求めたりすることはありません。なぜなら、関わるには断られる可能性もあるので、エネルギーがいるからです。だから、頼りにならない人にエネルギーをかけても、深入りするだけ〝損〟です。そう思うと、娘から必要とされている喜びがこみあげてきます。

そしてわたしも、これまで娘に対して、ときに傷つき、断られるリスクを背負いながらもあきらめないで声をかけてきたことを思い出します。互いの努力があればこその「おとうさん、おやすみ」です。そのように考えると、関係づくりとは一方通行のものではないと、あらためて思います。

かりに、教師が生徒となんらかの思いを伝えようと声をかけたとき、「関係ねえよ」「うるせえよ」と言われたとしたら、言葉にしたか、しないかは別にして、腹を立てる前に、かつて自分も生徒に向かって「関係ないよ」というつながりを断つメッセージを与えてこなかったかをふり返ってみることが、関係の再構築には必要でしょう。

子どもに弱音を吐いてもらえる関係

「わたしも時間のかかる人間なんです。いろいろと、心細いことや不安が起こると、先生に何をどう話していいのか、わからなくなってあわててしまい、言葉にならないんです。そして結局は黙ってしまうんですね」

A子さん（19歳）は、中学生時代に二年間ほど不登校状態でした。その後、大検・高校の通信制課程を経て短大生になりました。彼女がわたしの相談室で、中一のときに何度も担任に傷つくリスクを背負いながらも「せんせい」と声をかけつづけていたことを語ってくれました。

「わたしはなんでも少し考えすぎるクセがあると思います。でもそれは、わたしの生い立ちにも原因があると思います。わたしの父と母は自分の考えを絶対正しいと思って譲らない人たちなんです。大声を出してケンカしたりすることはないのですが、口（理屈・理論・常識）でお互いの〝未完成〟な部分を指摘するのです。

わたしは父や母のように頭がよくないので、とにかく叱られないようにといつも考えて考えて行動するようになってしまいました。そうすると、どうしても行動が遅くなってグズグズしてしまうのです。母も父もそんなわたしをみて『のんびりしすぎは他の人の迷惑になる。思ったことはそのまま言って、すぐ行動すればいい』と励ましてくれました。でも、わたしも好きでのんびりしているわけではないので、励まされてもうれしくありませんでした。

わたしは父や母の顔色をみてから話すような子になりました。悩んだりしても、両親に迷惑をかけるようなことは話せませんでした。それにどこから話せば叱られないか、と考えているうちに、話すことより話さないほうが楽でもあったのです」

A子さんはおとなしくて「いい子」ではあるのですが、人よりも一歩遅れ気味の子として、その存在はクラスにおいても希薄になっていたといいます。中一の新学期は終わりに近づいていましたが、A子さんが名前をいえるクラスメイトは十人程度だったようです。それもなにか特別な関係があったということではなかったようです。記憶のなかにある、という感じです。

その不安が、A子さん自身に口の重い〝時間のかかる子〟というイメージを自らつくらせてしまったのです。この孤独感を誰かに聴いてほしいと思っても、両親には言えませんでした。それは〝未完成〟な部分を指摘され否定される怖さでもあったからです。

両親は完璧さばかりを、わが子に求めているあいだに、A子さんから弱音やグチを吐いてもらえない親になっていたのです。弱音とは、人にとってあまり言いたくない、隠しておきたい本音です。だから、子どもの本音に迫りたければ、子どもから弱音を吐いてもらえる親や教師になることです。

せんせい、と呼んでもらえるだけで……

A子さんは、夏休み前から女性の担任にかまってほしいという、関わりのサインを発信しはじめました。提出物を忘れることにしました。授業中、こわばる表情もしてみました。

担任はA子さんが期待したとおりに声をかけてきてくれました。

担任の心を試すようなことまでして自分の存在をアピールするみじめさもありましたが、無視しない担任にうれしさと信頼感がふくらんでいったのです。A子さんはやっと、「時間をかけて自分の〝未完成〟な部分をたどたどしく話しても聞いてくれそうな人」をみつけられた思いだったようです。

夏休み明けからA子さんは「せんせい、せんせい」とまるで幼子のように担任にせがんだのです。そして、振り向いてくれるだけで安心だったといいます。だから、なにか不安や悩みごとがあって、それを聞いてほしいというのは二の次だったのです。

そんな二学期のある日、A子さんはきょうも「しつこいかな」と思いつつも「せんせい」と担任にそっと声をかけました。担任はいつものように振り向いてはくれましたが、返ってきた言葉は「しびれを切らした」のひと言でした。

「A子さん。『せんせい』以外になにか言うことはないの？　今度から話す用事がなかったら呼ばないの」

と言われてしまったのです。

A子さんは心のなかで思ったといいます。

「時間のかかるわたしは、やっぱり迷惑な人かな」

それから不登校を選んだA子さんでした。でも、A子さんはいま、担任を恨んではいません。立場が反対だったら自分も担任のような言い方をしたかもしれないといいます。短大の実習で施設の子どもたちと関わっているA子さんはいま、「せんせい、と子どもたちに呼んでもらえるだけでうれしいこの気持ちを大切にしたい」と思っています。それを支えに、逃げ出したくなるような施設の子どもと親の厳しく悲しい関係に、アルバイトをしながらも向き合っています。

さて、わたしは就寝をまえに台所に水を一口飲みにいくと、テーブルの上にボーリング大会で一等になった祝いのビール券がのし袋に入ったまま置いてありました。「おとうさんに　あげます」の娘の文字に、このいたわりの心を娘はどこで育ててきたのだろうかと、あらためて娘と出会ってくれた目には見えない多くの人に、わたしは感謝申しあげたい気持ちになりました。

人の息づかいが聴ける共感性は人の働きがあってこそのものです。相談室を訪れる子どもたちの春夏秋冬を通して、その心を学んでみたいと思います。

あなたには子どものどんな息づかいが聴こえてきますでしょうか。

各事例のあとには、わたしなりの子どもへの共感のメッセージを添えておきました。参考にしていただければうれしいです。

【春】

事例①■友だちになじめない子

入学、新学期は子どもも親も期待と不安の日々をすごしているようです。指おり数えてその日を心待ちにしている子どもがいる一方で、「そんなことをしていたら、また今年も失敗するわよ」と〝不安の激励〟を親から繰り返し聞かされ、結局〝裏目の暗示〟にかかり登校を渋り出す子どもたちもいます。

ともあれ新しい学校生活をスタートする子どもたちにとって、最大の関心は友だちです。友だち関係は子どもの成長により変化していきます。不特定なその場かぎりの友だち関係は、気の合う仲間へ、そして青年期に入ると生き方に共感する同志的関係に変わっていくようです。

人は友だち関係を築くことで自己の社会的存在を確認し、自立していきます。孤独・不安も一人から二人になることで癒されていきます。将来への夢や希望も友だちとの信頼関係のなかで育ち合っていくことは、わたしたち大人も経験的に知っています。それだけにいくらネット社会の子どもとはいえ、友だちづくりが「下手」であったり、つくろうとしない子どもをみると、焦りも出てきます。

「勉強はできなくても、友だちのできないことのほうが悩み」

と相談に来られる親御さんが、子どもの年齢があがるにつれて増えてきます。

明子さん（小五）は、新学期のクラス替えに動揺していました。「せっかく二年間でできた友だちとバラバラになり、また五、六年でつくり替えなければいけないと思うと、友だちを遠くに感じるの」と気落ちしています。気の合う四人の友だちは遊び仲間というよりも、勉強、運動での友だちでした。母親は「幼稚園のころから、友だちに馴染めない子だった」と言います。「両親とも外より家のなかですごすことが好きで、親子四人で〝退屈しない世界〟をつくっていました」と、父親は妹（小一）を膝の上に乗せながら、明子さんの頭をなでては困惑気味にそう言いました。

「お父さんは、このごろ急に、友だちと遊んできなさい、と言うけど何をどう遊んだらいいのかわからないし、みんなもわたしの言うことを聞いてくれない」とマンガ本に目を向けながら、明子さんは言いました。

友だちができないといっても、仲間はずれやいじめから本人の性格・環境までその態様はいろいろあります。つくれないのか、つくろうとしないのか、それとも嫌われやすいのか、まずはその原因を丁寧に察してあげることが、親としては大切です。本人の言葉や仕草に言葉では言いつくせない「何か」が潜んでいます。仮に「友だちなんかいらない」と言っても、それは自分の自尊心を守るための、素直になれない表現であることがほとんどです。本音は「できることならほしい」のです。

いまの明子さんに必要なことは、友だちの大切さを説くよりも、人と人とのふれ合いに感動する親の姿と、子ども同士の遊び集団にとけ込むための〝切り札〟（趣味・特技など）を提供してあげることだと思います。遊びは人付き合いの第一歩なのです。

共感メッセージ　遊びを真面目に考えすぎると、ぎこちなくなるんだよね

事例②■偶然の孤立

新学期が始まりました。新しい生活に希望と可能性を信じ、クラスの友だちと深い人間関係を築いていく子どもがいる一方で、どうしても「クラス集団」に馴染めず、孤立していく子どももいます。

とくに、集団をつくる新一年生に多く、とりわけ自分のことを評価されてきた子ほど、その特定人物（親・友人）、集団から離れることへの不安（分離不安）と、新しい環境で「認めてもらえない」ことでのギャップを埋められず、〝適応障害〟を起こし、再び認めてくれる場へと、心を逃避していきやすいものです。先生やクラスの仲間への被害者意識が出始めると要注意です。何かの切っ掛けで、登校できなくなることもあります。

中一の美智子さんにとって、それは「偶然の孤立」でした。

入学式の日、小学校のおなじクラスの仲間は一人もいませんでした。どの顔も見知らぬものでした。学区割りの関係でそうなることは知ってはいましたが、いざ現実を目の前にすると「気軽に話せる友だちがいない」ことは、大きな不安でもあり、ショックでもあったのです。でも、もともと人なつっこい性格でしたので、そのうち何とかなるだろうと、考えていました。

ところが翌日から風邪をひいて病欠し、四日ほどして登校しました。

美智子さんにとっては、四日遅れの新学期となりました。教室におそるおそる入ると、そこにはすでにいくつものグループができており、談笑が飛び交っていました。美智子さんはすでにできあがったグループに入ることができず、一人取り残された形になってしまったのです。自分を認めてくれる帰属集団もなく、孤立し、クラスは遠い存在となっていきました。

「クラスの全員がわたしを無視する。小学校時代に戻りたい」と、母親に語り始めたのは、入学式から二週間後でした。そして三週間目の月曜日、美智子さんはベッドから起きあがることができなくなってしまったのです。

友だち好きな子ほど孤立感は強いものです。いま、美智子さんにとって必要なことは、彼女の心細い存在に関心を寄せ、帰属可能なグループの一員として声をかけ、案内する幼なじみのような友人の登場だと思います。友人たちは無視していたわけではなく、無関心なだけだったのです。ただ関係性からいうと、無視より無関心のほうが冷めているのです。

共感メッセージ 少しの勇気でいいんだよね、「入れてっ」と言えたらね

事例③▓燃えつき、息切れの引きこもり

十九歳の健君は、対人不安におののいています。父親の「立身出世・学歴主義」の教育のなかで健君は育ちました。短大出身の母親は、父親の命ずるままに子育てを強いられました。口数の少ない父親でしたが、国立大出身のプライドと自信が家族の異論を受けつけなかったのです。

健君は中一まで父親の考えが正論と思っていましたが、安らぎのない家庭に気づき始めたとき、父親の〝幸福論〟が疑問に思えてきました。健君の成績が下がると、父親は母親を責めました。ときには暴力を振るうこともありました。父親の暴力におびえ、健君は母親といっしょに夜道をさまようこともありました。

入学した高校は、健君の実力からも高すぎました。まわりは「一流大学をめざす」者ばかりで、入学一か月で休み始めました。腹痛、頭痛、吐き気。高校中退は父親の期待を裏切り、母親を屈辱にさらすことになると健君は思いました。緊張と不安から父親に内緒で

長欠を繰り返しました。しだいに、父親に知られることへの恐怖心と隣近所の〝白い目〟が気になりだし始めました。夏休みを前に、父親に中退の意思を伝えました。父親は、話を全部聞く前に「死んでしまえ！」と言うなり席を立ってしまいました。もちろん親としての無力さを健君に八つ当たりしたわけです。

翌年、健君は相応の県立高校に合格しましたが、父親の励ましの言葉は何もありませんでした。数か月後、健君は自室に閉じこもり、家族とも顔をあわせることなく、徐々に意欲を失っていきました。

身近な人とのコミュニケーションを断っていく引きこもりタイプには、大きくわけてひとり遊び嗜好型と、燃えつき息切れ型があります。健君は後者で、人間関係への信頼回復と達成感の小さな積み重ねが、再び彼に生きる力を与えることになると思います。

共感メッセージ 屈辱からはいあがった努力は結果うんぬんの前に「がんばったね」と言ってほしかったよね

事例④■小児の対人不安

若者の心の病のひとつである対人不安やウツ（恐怖）が小学生のなかに見られるようになりました。とくに人前での不安と精神的緊張が対人関係を拒絶していくのです。

小学四年になった侑子さんは、五月の連休明けから体育や野外の授業があるときは、前夜から暗い表情となり、朝になると顔面が蒼白になりました。さらには、吐き気や下痢が数分おきに起き、トイレに入りました。侑子さんは、それでも重い体を引きずるようにして登校しました。ところが、国語や算数など教室で授業を受ける日は、明るく屈託のない顔で登校しました。

こんな日が何日か繰り返されていたある日、バドミントンクラブの練習を終えて帰宅した侑子さんは、母親に疲労感を訴えると、隔日で通う英語塾もやめて寝込んでしまったのです。そして翌日の春の遠足も腹痛で休みました。

母親は時間が経つにつれ、いつもの表情にもどった侑子さんに不安の原因を尋ねてみました。

「わたし、チームプレーはいや、ひとりで勉強できる時間割の日がいちばんいい。お母さん、ひとりでできる仕事って何があるの」

侑子さんは唖然とする母親に、必死で問い返しました。以後、侑子さんは登校時間、通学路を変え、友だちを避けるように駆け足で教室に入り、家路につく生活をすごしていきました。

「わたし、あやとり、がんばったのにみんな笑うの。誰も声かけてくれないし、ひとりぼっちみたい」

侑子さんは友だちと視線を合わすことさえ恐ろしくなってきたのです。

子ども同士の生身の遊び不足が「集団適応能力」を低下させ、侑子さんのような態度になってしまう場合は多いのです。幼児期からの遊びのなかで、子どもたちは人間関係を「学び」、信頼、希望を得て、人格を成長させ、社会的成熟をとげていきます。親世代にとっては集団遊びは「あたり前」でしたが、子どもの集団ができにくい現代では「意識してつくり、学ぶ」ことが必要になってきているのです。勉強はいつでもできますが、人間関係を豊かにする遊びや関わりは幼児、児童、思春期に体験し学ぶことが重要です。

テレビ、ゲーム、ケータイ漬けのなかに子どもたちをあずけまかせていないかを考えてみる必要があります。

共感メッセージ **目も合わせられない不安は、ひとりぼっちになることへの不安だったんだね**

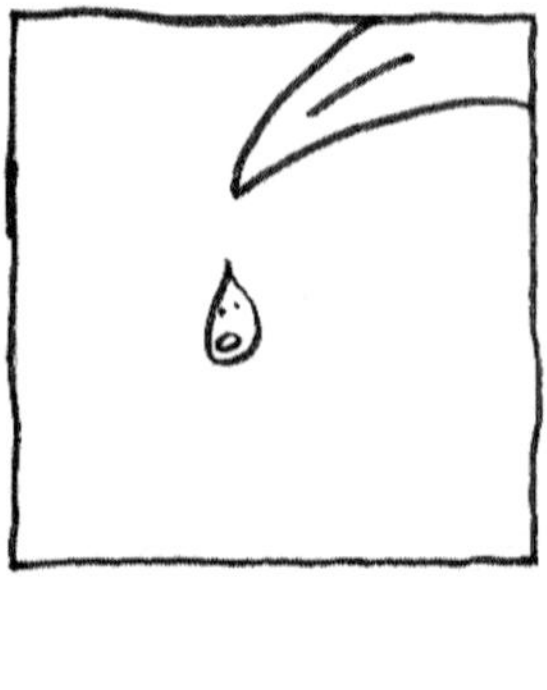

【夏】

事例⑤■「ひとり遊び嗜好」の引きこもり

不登校、高校中退など集団から離れたことをきっかけに、コミュニケーション不全となり「引きこもり」をつづける若者たち。それらは自閉した部屋から出られないということにとどまりません。たとえ外出できたとしても知人、友人、あるときは親ともコミュニケーションできないのです。それは、「関わりを拒否しなければ、自己を保てない」ということで、対人関係の傷つくリスクを背負えないということです。コミュニケーションすることを強制すれば心理的にかなり追いつめられた状態にもなります。ただここ数年、コミュニケーションをとる必要もなく育ってきた子どもの「ひとり遊び嗜好」型の引きこもりが目立ちます。

俊彦君（17歳）は、幼いころからゼンソク気味で、その発作のつらさを気遣ってか、母親の〝配慮〟で、友だちと遊ぶことよりも、自宅で「体をいたわる」日が多かったようです。また母親は俊彦君に体力をつけさせたいと〝二人三脚〟で、水泳教室に通いました。

小学六年生になって母親は、俊彦君のまわりには一日を通して遊ぶ友だちがいないことを、運動会の応援に行って知りました。ほかの子どもとの関わりが極端に少なかったのです。考えてみると、いつもマンガやテレビ、ゲームで留守番をしてくれる「素直でおとなしく、ありがたい子」だったのです。「いつの間にか、友だちと遊ぶと気疲れするので、ひとりでいるほうが、楽になった。ゼンソクに神経質になっていったことが引きこもりのような内向的な性格になった一因と思う」と、俊彦君は言います。

中学に入ると母親は、友人関係を広げ、たくましくなってほしいと、クラブ活動に消極的な俊彦君にサッカー、野球を勧めましたが、「動悸がする」と退部し、逆に母親に依存的になってしまいました。そして中学三年生ごろから、パソコンゲームにハマり、成績が下がりはじめると、今度は登校を渋りだしました。

卒業後は〝宅勉〟といっては、ひとりの世界に固執しました。最近では電話にもまったく出ず、いても留守番を頼めない状態になってしまいました。

いまの俊彦君にはひとりでブラブラすることより二人でブラブラする機会が求められていると思います。人間〝不感症〟にさせてはいけません。誰か第三者がかまってあげることです。

共感メッセージ　**人と接すると気疲れするのは傷つくリスクを捨て身で背負っている尊い姿なんだよ**

事例⑥■アルコール〝依存〟

子どもたちのムカツク、キレルという言葉を耳にして驚く大人は、いまはもういません。でも少し前までは、大人も子どももそのような過激な言い回しはしませんでした。ちょっと気にくわないことがあっただけでも、いまは「殺すゾ」と簡単に言います。感情表現が、ストレートに、かつ鋭利になってきています。これもネット社会が生んだ自己愛型のコミュニケーションのひとつでしょうか。言葉づかいが乱暴になったということだけではなく、気持ちそのものが自暴自棄になりつつあるようにも思います。

高校三年生の純子さんは、いま〝アルコール依存〟に悩んでいます。もちろんまだ、未成年者です。

明日から飲むのはやめよう、きょうからやめよう……でも、きょうだけは……と、結局は不安や悲しみが起こると、おこづかいやアルバイトで得た「自分のお金」で、家から少し離れたところにある自動販売機でお酒を買ってしまうのです。飲むことで「モヤモヤした気持ち」を忘れることができる、と言います。進学の問題、あるいは学校、家庭での人間関係を考えると眠れなくなり、吐き気さえ起きます。そんなとき、お酒を飲むと、不安が「きれいさっぱり」なくなるのです。

両親ともお酒は飲みます。幼いころから、家庭内でのアルコールは「無礼講」気味で、純子さんが高校に合格したその日、父親から「祝いの一杯」を勧められたといいます。その日飲んだ、ビールの苦みは、ふくらむ高校生活の希望とともに忘れられない味だったそうです。

高校一年生の夏休み、クラスの友だちと一泊の海水浴に出かけました。海辺で飲むビールは純子さんたちにとっては罪意識のない「ファッション」でした。

それ以降、仲間同士で、文化祭、体育祭、友だちの祝い事と、何かにつけて「パーティー」を開き、お酒を飲みました。やがて、純子さんにとってお酒は特別なものではなくなりました。未成年者の飲酒が法に触れることであることも、もはや他人事でした。

純子さんのケースは、特別ではありません。高校生のほとんどが飲酒の経験をもち、その半数近くが週に一回以上なのです。親も「外で飲まなければいい」と寛大で、最近ではそのことで逮捕された親もいます。

大人社会は、アルコールによってウサを晴らすことができます。

では、子どもたちはどのようにしてウサを晴らしたらいいのでしょうか。誰かに聴いてもらいたい気持ちや不安を、どう解消したらいいのでしょうか。飲酒に走る子のなかには、聴いてもらいたい気持ちの吐け口として、アルコールを選択してしまった場合もあるのです。

共感メッセージ　飲むことで誤魔化したかった心を先に誰かがくんで聴いてくれていればよかったね

事例⑦■シンナー依存

清君は、〝昆虫博士〟といわれるほど生き物が好きでした。優しく明るい性格はクラスの人気者でした。中学生になるとその人望は高まり、親にとっても成長の楽しみな自慢の息子でした。

一学期の中間試験が終わったころでした。

授業をナカヌケ（無断外出）する生徒にイスを投げつけ、ガムを噛んでいたといっては横並びさせて往復ビンタを見舞う教師。さらに気合いが足りないと尻バット。

複数の教師による「迫力指導」に一年生のクラスメートたちは罪意識もあって何も言えませんでした。

そんなとき、清君は仲間の無言の声を背に「先生、それはやりすぎじゃないですか」と、口を挟んでしまったのです。以来、教師たちから「反抗する生徒」としてマークされ、ことあるごとに主犯格として教師から疑われる立場になってしまいました。それ以来、清君は授業がつまらないものになってしまいました。仲間の連帯も得られませんでした。親に相談しても、「先生の言うとおりにしなさい」と言われました。親からも友だちからも、見捨てられたような気持ちになりました。

清君は、無断欠席を繰り返すようになりました。日中、駅前をあてもなく「ふれあいさがし」をするようになったのです。

そんなとき、二年生の先輩と出会い、教師への反抗心で意気投合しました。誘われるままに〝たまり場〟に行き、好奇心と憂さ晴らしから、シンナーを吸い出したのです。シンナーは単なる気晴らしの手段だったのかもしれません。清君は、そこに「わかってくれる仲間がいる」という安心感もあって、シンナーの世界にハマっていってしまったのです。

夏休み、幻覚症状の身で補導された清君は、グループから離れ、再出発をしました。そしてその足で、親戚のお世話になることになりました。

回復したかに見えた正月。〝帰省〟で戻ってはきたものの、孤独な身は変わりありませんでした。その孤独に耐えられず、再びシンナーに手を出してしまったのです。依存脱却の決意を反故《ほご》にしてしまった清君は、自棄するかのように、さらに深くシンナーの世界に入ってしまったのです。

アルコール依存に比べ、シンナー依存の危険性はいうまでもありません。心身の危険もさることながら、それが犯罪にもつながってしまうからです。それだけに将来に向けての心配も大きいといえます。

シンナーを経験する子どもの多くは、さらには覚醒剤へと突き進んでしまう場合もあります。

寂しいから、仲間がほしいから、認めてほしいから、深みにハマっていくのです。いずれの子どもも、この持ちこたえられないような心細く不安な気持ちを誰かに話したいのです。清君が「ふれあいさがし」をしていたのも、まずは自分の怒り、不信、孤立、そして教師に向けた正義感を誰かにただ聞いてほしかったのです。〝たまり場〟の先輩たちは、そんな清君の気持ちを、コースアウトしたおなじ痛みをもつ者として、ストレートに感じ取ってくれたのだと思います。

シンナーに代わる魅力あるコミュニケーションの道具や目標は何なのか。その子の成育過程で培ってきたものや、境遇からじっくり見つけ出す時間が必要だと思います。そして何よりも、信頼できて、そこをいっしょに伴走し〝フラッシュバック〟（再発）を防いでくれる人々との出会いが大切なのです。

共感メッセージ　素直な大人に出会っていれば、と悔やまれるときもあるよね

事例⑧■アルバイト、無就労

「バイトなしでは、生活が成り立たない」という中高生が数多くいます。月に三千円から五千円の「少ないおこづかいでは、友だちと遊びに行ったり、好きな洋服も買えない」と言います。だから親や学校には内緒で、近隣にバイト先を見つけることになります。中学生は、義務教育期間の就労が禁止されていますが、気にする様子もありません。

夏休みはそんな子どもたちにとって「絶好の稼ぎ時」です。バイトで得たお金ならば、親に遠慮することもなく遊べます。「よく働き、よく使う」というわけです。子どもたちのしたたかさが、うかがえます。大人社会のなかで、汗して働くことは大切な経験です。お金の大切さや、嫌なことでも耐えなくてはならないことも、身をもって知ります。もちろん義務教育期間の中学生がバイトに精を出すことを、推奨しているわけではありません。お金を稼ぐために、外で働くという子どもの気持ちを理解してほしいのです。社会経験の乏しい子どもたちですから、ともすれば「大人の餌食」になってしまう危険性もあります。女の子ならなおさら、そうした危険がつきまといます。

もし可能ならば、親の目の届く範囲で「バイト」をさせてあげたらどうでしょうか。家族のためのバイトでも構いませんし、地域社会と関わりをもつ切っ掛けとなるバイトでもいいかもしれません。

ところで最近、中卒、高卒、大卒者が仕事にも就かず、また家事もしない無業、無就労が深刻です。その数はフリーターや引きこもりも含めると数百万人ともいわれています。そのために義務教育のころから、人とのコミュニケーション能力の向上を含めたキャリア形成として就職することとの進路相談活動（キャリアカウンセリング）が展開されるようになりました。就職することと経済的安定、労働意欲、生きがい、自己実現がかならずしも結びつかない時代に育った子どもたちに、わたしは「働く意欲をもたせる」という発想の前に、コミュニケーション獲得の場として職場が用意されることも必要ではないかと思います。アルバイトもキャリア形成のなかで考えてみたいものです。

共感メッセージ　自己実現ばかりを先に考えていると、なかなか職は決められませんよね

事例⑨■高校中退

高校はいうまでもなく義務教育ではありませんから、中退が可能です。子どもたちも「その気」になれば、学校に拘束されることを拒否します。最近は「せめて高卒」という風潮もなくなり「個」の力でなんでも達成できるような感じすら伝えられています。

夏休み前、そして夏休み明けには、そうした「その気」になった高校生が多く現れます。学校や担任によっては、さほど強く引き留めることはしません。親としては「せめて高卒の資格を」「学校にも行かずに家でブラブラしているのなら、就職してくれ」と思います。つまり、帰属する場をもっていてくれたほうが親もそこにまかせておけるので安心なのです。

しかし「個性化時代」に育った子どもたちは案外あっさりしたもので、退学や中退に「新しい自分の発見」という期待と希望を持っていたりします。社会の〝枠組み〟から外れて「この先、どうなるのだろう」と心配しているのは、必死で枠をつくってきた親ばかりです。

不本意で入学した陽子さん（18歳）は、二年に進級した四月から「学校が合わない」と長欠しました。そして喫茶店でアルバイトをしていました。担任の知らせで事実を知った両親は、おなじ店で働いていた高校生と「縁を切る」ために、母親の実家に〝軟禁〟してしまいました。

陽子さんは転入できる学校を、自分でさがしていました。親には内緒でした。というのも、どうせ親に話したとしても「あと一年の辛抱」と言われることがわかっていたからです。それまで、さんざん高校生活に馴染めないと話をしても、「我慢しなさい」としか言われてこなかったからです。

「自分に素直になりたい。学校をわたし自身の判断で決めたかった」と、陽子さんは言います。実家から家出して、友人のアパートにいたところ、捜索願が出されていることを知り、陽子さんは渋々帰宅しました。そこまで親に迷惑も心配もかけたくなかったからです。でも戻ってみると、親は、陽子さんのために、全寮制の女子校への転入を検討していました。陽子さんは、自分の意思で学校を決めたかったのです。陽子さんは、再び、友人宅へ身を寄せることにしました。

紆余曲折したあげく、結局、陽子さんは「留年」という形になってしまいました。でも、それはそれで、よかったのです。

陽子さんは、同級生に「ダブり（留年）」と言われながらも、明るく反論します。

「今度のケリ（けじめ）は、卒業よ」

家出を試み、友人宅に身を寄せ、自分なりに新しい学校をさがそうとして、それを果たせず、結局、元の高校でダブりとなってしまった陽子さん。でも、そうした「反抗」のなかで、陽子さんはきっと何かをつかんでいったのだと思います。

共感メッセージ　根は〝純〟なんだよね、子どもの気持ちって

事例⑩■母ひとり子ひとり

夏は不思議な季節で、開放感とともに何かが起こりそうな気持ちがするものです。そして思春期の子どもにとっては、心と体が大きく揺れ、「大人に一歩近づけそうな」ハラハラドキドキの期待の季節でもあります。

とくに夏休み期間中は、冒険とスリルの期間でもあります。スポーツに汗を流す子もいれば、仲間内で旅行に行く子もいます。大人になりたくて、たばこを吸ってみたり、お酒を飲んでしまう子もいます。学校という枠をはずされ、一個の「好奇心の塊」になってしまうようです。

中学二年生の和夫君は、一年前の夏休みを思い出します。

彼はひとりっ子で離婚後の母親の手で育てられました。一学期の成績は、小学校時代に比べて「予想を超えて超悪かった」と言います。母親にとっては子どもの「素直さと努力の姿勢が励みの生活」でしたので、和夫君の手から取り上げて見た成績表は、母親をひどくがっかりさせました。

「最近、友だちと遊んでばかりいるんじゃないの。お母さんはおまえのためだけに働いているんだよ。恥ずかしい思いはさせないで……。何かあると、母子家庭だから愛情不足と言われてしまうのよ。しっかりしてね」

　和夫君は気丈な母の前では、何一つ「反抗」できませんでした。

「忙しく働く母親の立場はよくわかっていました。でも、ひとりで食べるカップラーメンの味は、塩ばかり利きすぎていました」

と和夫君は言います。

　母親の帰宅が遅かった深夜、和夫君は自動販売機でタバコを買うと、公園のベンチでそっと火をつけました。

「苦みが、張りつめていた心を壊してくれました」

と和夫君は照れながら言いました。ひとり深夜の公園のベンチで、そっとタバコを吸っている中学一年生の男の子。

　やがて、四人の先輩に誘われて競馬に行きました。そして、十万円の大金を得ました。それは少年たちにとってはあまりにも大金すぎました。金銭感覚がマヒした和夫君は、何度も競馬場に通ううちに、ついに母親の財布に手をかけてしまったのです。盗んだお金で馬券を買い、すべてハズレました。

和夫君はその日、自宅に帰ると、母親に向かって、ハズレ馬券を投げつけました。母親にとっては思ってもみなかった、わが子の反乱でした。

その後、和夫君の盗みは万引きへと進んでしまいました。

母親はわが子の非行と、今後の心配で頭がいっぱいになっていました。わが子を何とか立ち直らせたい、万引きがいかに悪いことであるかを、悟ってもらいたいと、必死でした。

わたしは相談に見えられたそんな母親に、問いかけざるを得ませんでした。

「和夫君が取りたかったものは、親の金ではなく、愛情ではなかったのでしょうか」

わが子だから、親は髪振り乱して心配します。わが子のことは、我が身のことなのです。

和夫君は、その後も幾度となく万引きを繰り返しました。そしてそのたびに、母親は和夫君を引きずるようにして相手のところに謝りにいきました。そして不思議なことに、そういう繰り返しのなかで、親子ですごす時間が戻ってきたのです。

「一年前の夏休みは、ほんとうに不思議な夏休みでした。悪かったのか、よかったのか。でも、母親のすごさがわかったような気がします」

和夫君は、懐かしそうに言いました。

共感メッセージ　**親の愛って試し始めたら切りがないね。そのことがわかってよかったね**

【秋】

事例⑪■家庭内暴力

「危険な年ごろ」という言葉があります。「もう中学生でしょう」「もうわたしは子どもじゃない」というように「もう」という枕詞を親子で互いに使いだし、これまで保たれてきた親子関係を無意識に刺激しだす十四歳前後を指します。心と体が急激に変化する子どもから大人への過渡期でもあります。個の自立の芽生えとともに、自分の不安定さから心身のバランスを崩し、なんともいえない孤独感にさいなまされ、自制心を失い自分自身をもてあましてしまうのです。そのとき、親子はハラハラドキドキの〝問題行動〟と出会うのです。

とくに中学三年は情緒不安に加え、受験というストレスを抱えています。「揺れてあたり前」ともいえる強迫的な不安と緊張を強いられています。理由もわからずに起こる親への攻撃的感情、拒絶、そして依存。家庭内暴力も、そんな心細さをうまく感情表現できない子どもの、斜に構えたコミュニケーションの一つだと思います。

「あんなに優しく、素直な子が……」と太一君（中三）の母親が額と手に絆創膏を貼り、目は青ずみ、意気消沈しながら、すぐに役立つ対応策をと、相談に来られました。

学力、運動とも人並み以上の太一君は明るく元気で、会話も多く、両親自慢の子でした。ただ親の願いに応えることから、太一君の若干強引とも思える意思を認めることも多かったようです。

中学に入ると運動部へ参加しました。優れていましたが、「レギュラーにしてくれない」と陸上、サッカー、野球と次々に転部していきました。二年の後半から〝帰宅部〟となると、自室にこもってはパソコンゲームに熱中していきました。小学生時代と比べ「色あせた」太一君は、母親に中三の夏休みをすぎると、手首の傷を見せ、夜中にひんぱんに「金縛り」に遭うと、訴えました。眠れなかったのです。

太一君は高校三年生の兄と、小学五年生の妹の勉強を邪魔するかのように、夜通し明かりをつけてハードロックを聞くようになりました。「うるさい」と兄が怒ると、太一君はすかさず「兄貴を殺して、自分も死ぬ」と包丁をもち出してきたのです。母親は何とかその場で太一君を取り押さえることができましたが、その姿を見て、「こんな家にしたのは、おまえの責任だ」と、母親自ら泣き伏してしまいました。

わたしは生命の危険には細心の配慮をしながらも、緊急避難をせざるを得ないとき以外は、子どもの前に踏みとどまり、「おまえはわたしの子だ」と抱き寄せ、「思いには思いで応える」方法がよいと考えています。そしていざ暴力となったら逃げるべきです。逃げる理由は、子どもに親を殴らせないようにするためです。子どもは好きこのんで親に手をあげるわけではないのです。親を殴ってはいけない、と誰よりも子どもがわかっています。だから、親は逃げるのです。親を殴ってしまった子は、心に深い痛みと傷を負うことになるからです。子どもの本心は、親が好きで親から愛されたいのです。

共感メッセージ　なんで安易に包丁をもち出すのか、自分でもわからないまま行動してしまうことってあるよね。聞き流して、見逃してほしいときって、あるよね

事例⑫■共働き家庭の子

共働きといっても「親の働く姿」が生活の一部となる機会の多い自営業は別として、給与生活者として職場勤めをしている両親の子どもに問題行動が起こると、多くの母親は、仕事と家庭の両立に悩むことになります。男女共同参画型の社会になっても四十歳以上の母親の意識は、男女雇用機会均等法世代の若い父親、母親とは違って〝子育て責任〟は母親に向いているようです。

「母親不在が子どもに寂しい思いをさせ、SOSのサインすら気づかなかった母親になっていたのでは」と悔やみ、「いっしょにすごす時間の短さの〝後ろめたさ〟が逆に過干渉・過保護の子育てになった」と、自らを責めがちになります。そして、「取り返しのつかない失敗だった」と、落胆します。

また夫の理解を十分に得られないまま仕事に就いた場合は、「だから言わぬことではないか。なにも母親であるおまえが働かなくても、わたしの給料で生活できたはずだ」と、夫から責められたりします。仕事への意欲、喜びが経済的側面のみにすり替えられ、互いの責任のなすりつけ合いが、再び子どもを孤独へと招いてしまうのです。

勝君（17歳）は、姉の不登校を学校の友人から吹聴され、中一の二学期から断続的に学校を休むようになりました。両親（父親48歳、母親45歳）はともに教師で、母親は三四歳のとき、子育ても落ち着き教育への情熱がよみがえり、復職しました。姉は中学に入るとまもなく理由不明のまま学校を休み始め、部屋に閉じこもり、三年間をすごしました。母親は教職に就いていることへの負担も感じてはいましたが、再就職への不安もあり、勝君への関わりを父親に頼み、娘とすごす時間を意識的に増やしていきました。姉は高校入学への道は進みませんでしたが、服飾専門学校で元気を取り戻していきました。

二歳離れた勝君が不登校を始めたとき、母親は十分に勝君のことを考えてあげることができませんでした。

「まずは娘を安定させることに必死でした。わたしの身は一つしかありません。責任を押しつけられても、ふたり同時に関わることはできなかったのです。息子は夫にみてもらおうと、頭で割り切らないと、わたし自身がパニックになって乗り越えられなかったのです」

勝君は明るく友だちとふるまう姉の姿を見ながら、母親に「俺は、おまえたちによって人生を捨てられたんだ。俺の友だちを親を渋谷、新宿、どこでも行って買ってこい。自分たちのライフスタイルは少しも崩さず、仕事ばかりして一日も休まなかった。俺のためにエプロンを着て食事をつくれ」と詰め寄ることしかできませんでした。

子どもにしても、親にしても言いたいことはいっぱいあると思います。とくに最近では、誰かの犠牲にはなりたくないと、それぞれのライフスタイルを貫き通したいと願って、いろいろな生活の選択をしています。だからこそ、きれい事ではすまないのです。わたしは、勝君の言う「買ってきた友だち」として家庭訪問をし、勝君の話を、ウンウンとうなずきながら聴いて、彼の人生設計を描いていきました。

共感メッセージ　親の板挟みの気持ちもわかるけど、報われない身も知ってほしかったよね

事例⑬■昼夜逆転

「寝る子は育つ」と言われるように、睡眠は心身の健康のバロメーターです。早寝早起きは規則正しい生活の基本パターンでもあります。

ところが、夜更かしも度がすぎ、度重なると昼夜逆転になります。昼夜逆転の生活は、本人もそうですが、むしろ周囲の人々にとって、つらいものになることが多いのです。

「登校や、就職を拒否したりしてもいいが、昼夜逆転だけはどうにかしてほしい。規則正しい生活に戻ってほしい」と相談に来られる親御さんがいます。もちろん本人も通常の生活パターンではないのでとても苦しく、周囲からは「遅刻病」とか「居眠り病」などと揶揄されてしまいます。

正雄君（17歳）は小学六年生のころから、筋を通す人間にあこがれていました。中学に入ると、高倉健さんの映画を観ては、自分なりに〝男〟を研究してきました。そのためでしょうか、親や教師、仲間に対しても「つっぱった態度」をとりました。ところが気がつくと、常に問題児として居場所を追われ、友だちもほとんどいない状況になっていました。

「どこにも俺を受け入れてくれる場所もタメ（仲間）もいない。これから先のことを考えると眠れない」

正雄君はそう言いながら、こぼれる涙を隠すように顔を天井に向けました。

正雄君は、もう一年ほど朝方四時ごろ寝て、午後の二時ごろ起きる昼夜逆転の生活をつづけています。そして見かけとは裏腹に、家では母親を起こしては「自分の性格を変えてくれ」と攻撃と赤ちゃん返りのような行動を繰り返していました。「生活のリズムを変えよう。まず昼間体を動かすことだ。そうすれば夜、眠れて不安もなくなる」という父親に、正雄君は激しく抵抗しました。

「テメェはいいよ。朝、行くところがあるから」と、吐き捨てるように言いました。

不眠は不安と緊張のサインです。「なぜ眠れないのか」「その原因をどう具体的に克服したらいいのか」そのあたりの気持ちを察することから始めました。

「起きることが待ち遠しい。希望がある」

そんな環境が正雄君には必要でした。それと同時に「夜眠れないことを、大変なことと不安がることこそ問題で、昼夜逆転それ自体は問題ではない」と理解してあげることが大事です。まずは、そのままの正雄君を受け入れてあげました。

共感メッセージ うっとうしいときもありますが目的、目標があるということを軽視してはいけませんね

事例⑭■ロックに夢中だった子

バブル経済の破綻以降「学歴主義は崩壊した」といわれますが、まだまだわたしたちの心を〝呪縛〟しています。いや、かえって能力主義で人を評価する風潮が幅をきかせるようになりました。口や頭では否定しても、心のどこかに、まだまだ根強くその「信仰」は生きています。とくにいまの思春期の子どもをもつ親世代は偏差値世代です。人を評価したり、評価される恐怖を抱えて生きてきたのです。だから、学歴主義の崩壊を口で言いながら、他の子育ての価値観がみつからず、とりあえず進学塾へ通わせるしかない現状です。

子どもたちはそうした風潮のなかで、やり場のない心の痛みを、何かに託し、夢中になることで、心のバランスを取っています。ロックもそのひとつで、そんな揺れ動く子どもの心を癒してくれます。

ロックに夢中になる子どもたちにとって、それは、〝学歴幻想〟や〝自己実現〟にさまよう子どものやるせない気持ちを仲間たちと共有することで、世代から取り残される孤独感を解消してくれる特別なものだともいえます。

正一郎君（当時17歳）は、自分の学力から高校の勉強をするつもりはありませんでしたが、「高校生活」は楽しみたいと考えていました。そして「そんな不謹慎なボクでも受け入れてくれる高校があると中学の担任は勧めてくれた」と、いいます。でも、入学してみると、正一郎君が描いていた高校生活とはかけ離れた現実が待っていました。

入学早々、教師からこう言われたのです。

「ここは義務教育の場ではない。勉強しないやつは、やめろ」

もともと規則正しい生活とか勉学に向いていない正一郎君は、入学間もないころから、遅刻や無断早退を繰り返しました。すると教師からだけではなく、仲間たちからも「渋い目」で見られるようになってしまったのです。正一郎君はしだいに、自分の存在感を示すために髪を染めたり、言動も荒々しくなりました。そしてシンナーにも手を出してしまったのです。そんな荒れ出した正一郎君の耳元に、ロックバンドの曲が心にとまりました。その詩と曲に感動すると、正一郎君はいてても立ってもいられなくなり、高校生活を「意味のないもの」として、中退してしまったのです。

両親から見たら「奇抜なファッション」をするようになりました。でもそれは、あこがれでもあった、ロックバンドの詩と曲に添った「生き方のコピー」でもあったのです。

やがて、かつての仲の良かった中学時代の仲間たちと再会し、誰とはなしに「バンドでメジャーになろうぜ。高校生ではない十代が生きていることをみんなに見せてやろう」と、熱く燃えあがりました。

それ以来、正一郎君の部屋にはバンドのポスターが所狭しと貼られ、帰宅は遅くなり、交際関係は親の常識を超えたものになりました。バンドのリーダーに祭り上げられた正一郎君は、ライブハウスとの交渉からチケット売り、メンバー間の人間関係の調整と、高校生活では味わえなかった充実感を得ていました。ロックに熱中する日々は、いつの間にかシンナーから〝卒業〟もしていました。

正一郎君は、ロックを通して、友だちを再確認し、学歴とは比較にならない次元の社会的人間性を学んでいったのです。

親が子どもの「奇抜さ」を恐れずに受け入れるとき、子どものなかに、親と世間と「折り合い」を見つける土壌が育っていくのだと思います。

あと数年で三十歳を迎えようとしている正一郎君は、いまは一軒店をまかされる料理人になっています。大卒、高卒も関係なく「お客さま」に気軽に声をかけ、客層を広げる正一郎君に学歴はまったく無縁なものにみえました。

勉強できる、できないでよい思いをするのは十代ぐらいですね。二十歳すぎたらみんないっしょですね。いちばん大切なのは、人にかわいがってもらえる人間になることです。

共感メッセージ　人には語りにくいつらさもあったのではないですか

事例⑮■「こだわり」をもつ子

こだわり、を広辞苑で調べてみると、「拘泥《こうでい》」と説明されていました。おおよその意味は「執着して融通のきかないこと」とありました。その執着の度合いは、こだわりの大きさに関係しています。

「いつまでこだわっていても前に進まない。もうすぎたこととして諦めるなり、吹っ切るなりして生きるほうが自分のためだ」

そんなふうに思える程度のこだわりならいいのですが、場合によっては「あのことが理解できない。納得できないかぎり、何もすることができない」ということもあります。そうなると、身動きが取れなくなってしまいます。

こだわる気持ちは、誰でも持っています。そして、誰もが、何かにこだわって生きています。問題は、そのことが自らの精神生活にマイナスに働いてしまうことだと思います。

無理なくこだわる生き方は自律を形成するうえで、むしろプラスに働きます。ところが、大人になろうとしている子どもたちの中には、「こだわりの中に生きる」ことを選ばせてしまうことがあります。

光君（18歳）は、「三年ごとの父親の転勤で、友だちもできなかった。友だちづくりが下手なのも、父親の責任だ。友だちがいないのは、世界中でボクひとりだ。だから世の中の人はボクが暗い性格で、みんなから嫌われていると思っているんだ。どうしてこれほどまでして勤めをつづけ、ボクをこんな不幸な人間にしてまで会社につくすんだ」と訴えました。このこだわりから、受験勉強にも手がつかなくなります。父親が床についてからも、しつこく枕元で、父親に〝詰問〟します。それが毎晩のようにつづきます。

父親は光君あてに年賀状が来ていることを指して、「友だちはいるじゃないか」と反論します。でも、光君は納得しません。

「それはほんとうの友だちじゃない。ボクがいちばん輝いていた小学三年生のときの、神戸に戻りたい。ボクはあれからきょうまで、まったくムダな時間をすごしてしまった。どうしてくれるんだ」

となおも食い下がります。そして「ボクよりも、転勤を優先してきた」と、母親に対しても詰め寄ります。最近になって、不可解な〝儀式的な強迫行為〟も見られるようになってしまいました。

こだわれば、こだわるほど、深みにはまります。理詰めで納得しているように見えても、最終的には感情的でしかありません。それは、こだわりの根っこの部分に不安があり、その不安が消え去らないかぎり、こだわりつづけるからです。不安はなかなか消えるものではありません。頭で理解し、納得しようとしても、心では納得できないのです。これが強くなると「強迫性障害」になります。

光君が両親を自らのこだわり・不安へ巻き込んでいくのは、見捨てられ感からきています。ですから、理詰めで光君と向き合うのではなく、「大丈夫」「心配ないよ」「不安な気持ちなんだね」と、光君のこだわる気持ちに無条件に共感し、不安を受容していくことです。こだわりを、こだわりとして認めてあげることです。「そんなのは、妄想だ」とか「つまらないことを、考えるな」と否定していては、光君のこだわりは消えるどころか、ますます深まってしまいます。光君は、こだわることで、不安や恐怖から少し距離をおいて、心のバランスを保っているのです。

共感メッセージ　無理難題とわかっていても、こだわりで不安を乗り越えているんだね

【冬】

事例⑯■自殺をほのめかす子

死ぬ瞬間まで輝いて生きたい、と願うのが人間の心情だと思います。にもかかわらず「生きられるものなら、生きたいが……」と、絶望感の淵でさまよう子どもたちがいます。そして、ときとして、自ら死を選択してしまうこともあります。

その動機は学校、家庭生活、病気あるいは友人、男女関係といろいろあります。タレントが亡くなると、それを追いかけるかのように衝動的に死を選ぶ子もいます。子どもたちの自殺は、「特別な事情」や「特別な気持ち」からの、特別な行動といえないところがあります。誰もがその危険をはらんでいる、ともいえるのです。

伸一君（18歳）が、家族に対して「あてにしないで」とメモ書きの遺書を残して、リストカッティング（手首切り）をしたのは十六歳の誕生日を迎えた日の夜でした。

勉強、スポーツとも卓越していた伸一君は、進学校の県立高校に入学しました。ところが一か月をすぎたころから、なんとなく沈みがちになりました。そして「ダイヤモンドだと思っていたが、実はただの石っころだった」と、独り言を繰り返し、部屋に閉じこもっていたのです。そして、部屋の壁を拳《こぶし》で叩きながら「俺はできるんだ」と叫ぶようになりました。

　母親は突然のわが子の変貌に戸惑いながらも、「あなたはできる子だから。少し疲れているのよ。休みなさい」と、声をかけ、励ましました。

　誕生日の一週間前、おとなしくなった伸一君は、母親に「人間の最後の自由を僕は考えている」と言うと、食事も家族とともにすることがなくなり、部屋にこもりました。

　誕生日の当夜、学業と生活の乱れについて、父親に「つらいだろうが、がんばれ。もう少しの辛抱だ」と叱咤激励をされました。父親も母親も伸一君のことが気がかりでしたが、あまり刺激してはいけないと、遠回しで見守っていました。

　伸一君の気持ちは、高校の中退、そして大学検定試験へと傾いていました。このまま親の期待を背負って高校生活を送ることは、伸一君には耐えられない苦痛でした。しかし、そのことを言い出せずにいました。言い出せない自分自身への失望から、彼は衝動的にその夜、自らの手首を切ってしまったのです。

「死ぬ死ぬという人間ほど、死ぬことはしない」

　と言われます。でもわたしはそうは思いません。やはり追いつめられ、逃げ場を失ったとき、人は死を選ぶこともあるのです。苦しくても、どこかに、誰かと〝心の絆〟があれば、ギリギリで死を回避できるかもしれません。心の絆とは、自分の混乱や苦しみ、痛みをわかってくれる絆です。苦しみや混乱を解決してくれる人が必要なのではなく、つらさの場から去らないで、寄り添ってくれる人が本人にとって「わかってくれる人」なのです。

共感メッセージ　こちらのつらさを見て、なにもできないつらさを抱えている人が、いちばん心強い味方ですね

事例⑰■受験不安

子どもから大人になる過渡期である思春期は、心と体のバランスが崩れやすくなっています。わけもなく不安になったり、わけもなく爽快になったりします。自分自身をもてあまし、寂しく、心細く思います。

そうした子どもたちの前に立ちふさがるのが受験という壁です。「失敗するかもしれない」という不安の壁です。どんなに学力に自信があっても、やはり不安なものです。不安を忘れるために、勉強している子さえいます。

浪人生や登校を拒否している高校生にとっても、なおさらのこと壁の向こうに何か素晴らしいものがあるような、ないような気持ちになります。親や周囲も、「がんばれ」と励ましますそれだけに、受験の壁は希望の壁であると同時に、プレッシャーともなります。

進学校にいた浩君（21歳）は、現役で私大に二つ合格しました。でも、入学の手続きはしませんでした。それは、本人の意思というより、父親の希望する大学ではなかったからです。

「長い人生のうち、浪人生活もムダではない。おまえがほんとうに希望する大学に行くことが大切だ。早まるな。国立、六大学、おまえなら必ず合格する」

父親はそう浩君を励ましました。そして、予備校の寮での生活が始まったのです。

父親は公職に就いています。周囲も、そして家族からも尊敬される父親でした。ですから、浩君も疑うことなく、父親の言葉に従いました。そうすれば、かならず大丈夫だと思いました。事実、これまではそうやってきたのです。

予備校の寮での生活が始まってまもなく、浩君はこれまで経験したことがない人間関係に遭遇しました。そこは、受験のための生活であり、友情も、遊びも犠牲にすることを強いられたのです。

半年ほど、浩君は寮生活に耐えました。でも、それ以上は無理でした。寮の部屋に閉じこもるようになったのです。浩君のことを心配する友だちはいません。予備校の先生が部屋を訪ねてくることもありません。浩君の学力はみるみる後退していきました。その年度の入試は、すべて失敗しました。浩君は試験場で答案用紙に向かったとき「答案用紙が、一瞬、まっ白に見えた」とふり返ります。

翌年、寮を出て、自宅で受験勉強に取り組みました。そして、一年たち再び受験を迎えました。

でも、進まなかった受験勉強のことを考えると、落ちてしまう不安が、心の中でふくらみました。受験前夜は不安と興奮で眠ることさえできませんでした。そして浩君は考えたすえ「明日の試験を受けなければいいんだ」と決意しました。すると、すぐに眠ることができたのです。

翌朝、目がさめた浩君は、昨夜の決意そのままに、試験をボイコットしてしまったのです。

「家族の期待を裏切りたくない。そのためには、試験を受けなければ結果が出ない。そうすることがいちばん、いいんだ」

それが浩君の試験に対する「答え」だったのです。

そして浩君は翌年も再び大学入試に挑戦することにしました。父親は「就職したらどうか」と勧めました。でも、浩君は、「合格しなければ、この甘えは治らない。大人にもなれない」と自分自身に言い聞かせながら、参考書を開きます。でもその一方で、「またあの〝発作〟が起きたら」と不安と苦痛におびえるのです。そして、おなじことの繰り返しになったのです。いまも、手足の激しい振れ、睡眠不足、そして動悸がすると言います。それでもなお、「大人になりたい」と、受験に臨むのです。

受験、とくになんらかのストレスを背負った場合、外見では計り知れないほどの孤立感を、内面に抱え込みます。親や周囲の過度の期待は、その孤立感を強めてしまいます。

孤立感に耐えながら、試験に臨む子どもを見守ってほしいと思います。

浩君は受験を前にして、わたしにこう言いました。

「僕たちにとって受験は〝大学入試〟ではなく〝人間入試〟になっているんですよ」

共感メッセージ **踏ん張るしかないときは、踏ん張るしかないけど、結果にとらわれると身動きがとれなくなるね**

事例⑱■卒業間近の不登校

中学二年生の三学期から不登校をつづけている努君。ご両親は、卒業を間近にし進学、就職のいずれかの意思をはっきりさせない努君に、苛立ちを隠せずにいます。

努君は、内気で自主性に乏しいと周囲からは見られています。両親もそのように感じています。母親はとくに努君に干渉しながら、育ちを促してきた面があります。

内気であることは、友だちづきあいが少ないこととも無縁ではなく、自宅でひとりで遊ぶことが多くなりました。学校生活もつまらないようで、成績はみるみる下がりました。担任、友人も遠い存在となり、努君にとって学校はあまり意味のないものになっていきました。

三年の五月連休を終えたばかりのころから、登校時にかぎって、腹痛を訴えるようになりました。そして、「勉強がつまらない」「友だちがイジメる」との理由で、まったく登校しなくなってしまったのです。三年生は、進路選択の年でもあります。

三年の冬、いよいよ進路選択がせまられる季節になりました。

一年近く学校に通っていない努君を受け入れてくれる高校を、母親は血眼になってさがしました。でも、当の努君はパソコンに向かってゲームをしている状態でした。

中学三年の不登校に悩む親子の場合、卒業という人生の節目を迎え、形式的ではなく、ほんとうの意味の〝卒業証書〟を与えられるのかという不安と、進路決定されていく同級生を見るにつけ、「残された時間」にどれだけ学校が教育的援助をしてくれるのかという期待と、時間切れへの焦りが、とりわけ親に緊張と混乱をつくりだします。

家族全員がピリピリした状態に陥る「家族神経症」のような様相を呈しやすいこの時期、最も大切なことは、本人の気持ち、つまり、子どもの希望をまず十分に聞いてみることです。そして本人の願いに添う方法を、いっしょにさがしてみることが必要なのだと思います。新たな家族の絆もそこから芽生えてくるのではないでしょうか。

努君のご両親が「すっきり」しないのは、そのステップがまだなされないまま、進学か就職かの二者択一の価値観で、〝受け皿〟さがしとしての学校にとらわれ、子どもと向き合っているからなのでしょう。

共感メッセージ 親の焦りもわかるけど、当事者である子どものペースも考えてほしいよね

事例⑲ 絆

　素直になれない子どもたちと出会うとき、そこには必ず家族との人間模様があります。

　どのような家族が理想的なのか、それはきわめてむずかしく、そこで繰り広げられる唯一無二の人間模様は固有のもので、他者の価値観で変えられるものではありません。あくまでも家族内の意思が航路を決めるのです。

　さて、子どもたちが心の底から家族に願っていることとはなんでしょうか。

　それは、互いの境遇をいたわりあう温かさだと思います。

　思春・青年期の心理的な危機には、こうした子どもの悲痛な叫びがあります。

　中学三年の敦子さんが、妹（小学六年生）の不登校を心配し、祖母と相談に来てくれました。

　三年前、父親はガンであっけなく亡くなりました。二一歳で旧家に嫁いだ母親は、「自分を押し殺した無味乾燥な生活」を主体性のない、愛情を感じとれない夫との〝偽りの夫婦〟のなかですごしてきました。増幅した孤立感は、夫の死後、四十路を前にして女心を動揺させました。敦子さんは、中学二年の冬、郊外の喫茶店で、母親がタバコを吸いなが

ら、父親と同年代の男性と語り合っている姿を偶然、見かけてしまいました。

「あか抜けしたきれいな女性だった。もしかしたら……母ではないことを願った」

と敦子さんは言います。自宅に帰ってきた母親は、やはり「別人」となっていました。

敦子さんは呆然としました。そして、「子どもを捨てたのか」と、詰め寄りました。姑も、嫁である母親を非難しました。二階のいっしょの部屋で妹と勉強机を隣り合わせにする敦子さんは、妹にこのことを気づかれないよう、おどけたりして見せました。妹に自分とおなじ苦しみを味あわせたくなかったのです。

しかし、母と敦子さんの葛藤は、妹の不登校によって表面化してしまったのです。母親は敦子さんに事情を話そうとしました。でも、敦子さんは、母親の言い訳に、激しく抵抗しました。

「嘘、いいかげんにしてよ。わたし、知らない」

決裂してしまった親子の対話。母親はそれでも、敦子さんたちを見捨てることはできませんでした。母と子でこの家を出て、アパートで母子の生活を願いました。

その決意をしてから二週間後、敦子さんと妹、そして母親の三人が、相談室を訪れました。妹は、敦子さんの願いもあり、席を外すことになりました。

相談室で、母親と二人になった敦子さんは、きっぱりとこう言いました。

「もう、こんな思いは二度としたくないから、お母さん、幸せになってね。わたしは、病弱なおじいちゃんとおばあちゃんが心配だから、妹と看病するから」

そう言うと、母親の返事も聞かずに席を立ち、相談室を出て行きました。母親は驚いて敦子さんを呼び止めましたが、敦子さんはふり返ることもなく、学生コートに妹を包み込むと、木枯らしの吹く街を去っていきました。

そのうしろ姿を見送りながら、母親は号泣しました。わたしも、これからの敦子さんと妹の行く末を思うと、涙を止めることができませんでした。

いつの日か、きっと母娘がわかりあえる日がくることを願わずにはいられませんでした。

共感メッセージ　無理なこととは思っても、その選択にかけるしかないときがあるものですね

【2節】

向きあうための〝トラブル〟だと思いませんか？

「学校に行きたくない！」、そのひと言があればこそ、好転した親子関係

子どもの悩みが深ければ深いほど、親は親らしくさせてもらえます。それは教師であっても、カウンセラーのわたしでもおなじです。これは日々の相談活動のなかで実感しています。

ただしそれは、関係から逃げないかぎり、です。

親子関係は、夫婦関係や教師と生徒の関係と違い、その関係に終止符がうたれることはありません。よほどのことがないかぎり、「縁を切る」ことはありません。また、たとえ戸籍上縁を切ったとしても、「親子」である事実は消えることはないのです。つまり、いずれかに〝お迎え〟がくるまでは、互いの年齢がいくつになろうとも逃げられないのです。だから、親はわが事のようにして、わが子と向きあうのです。その親の姿をみて、子どもは「ひとりではない」と実感することができるのです。子は保護者である親なくして育つことはできません。だから、親も子も互いに「他人事」にできない関係なのですね。

親子関係は「ひとりではなく」「他人事」でもないから、親子関係が混乱した状態に陥っても、互いに逃げ出すことなく向きあえるのです。

たとえその混乱を、カウンセラーや誰かにおまかせしても、最後はやっぱり「親子関係」

に戻ります。というのは、カウンセラーは親にはなれないのです。ましてや子どもにもなれません。

ですから、なんだか冷たい言い方に聞こえるかもしれませんが、当事者の親子が、その現実を否定することなく向きあうしかないのです。その覚悟が親や子にできたとき、互いが自分自身にこう、問いかけることになります。

「なぜ、わざわざ親子になったのか」と。

D子さん（中三）は勉強だけでなく、生活面でも親や先生に「困った子」と言われることのない育ちをしてきました。

そんな彼女が、母親がつくってくれる夕食を「おいしいね」と言わずに摂るようになったのは、五月の連休明けごろからだったようです。仕事を終えて帰宅後すぐに夕食をつくっている母親は思わず「もう少し、おいしそうに食べてよ」と言いました。

D子さんの態度は六月に入るとさらにトゲトゲしくなりました。

夕食で家族がいっしょに食卓を囲んでいたときのことです。

D子さんの弟（小五）がなにげないことを言いました。するとD子さんが、その「なにげないひと言」をバカにしたように笑い、卑下したのです。そんな態度に父親が怒鳴り声をあげて叱りました。

「いつからそんなにいやらしい表現をするような子になったんだ」

その場にいた弟は、食事をやめて、すごすごと自分の部屋に戻りました。D子さんも、たかが姉弟の会話なのに、なぜそんなふうに激しく叱られなくてはならないのか、合点がいきませんでした。

板挟み状態になった母親は、D子さんと父親に自分の「感じたまま」の正直な気持ちを伝えました。

「D子はこのところ変わったよ。なにがあったのか、話してくれなければわからないの。学校、それともお母さんに不満があるの？」

「お父さんも、そんなに大きな声で怒鳴らなくてもいいでしょ。自分に気に入らないことがあると怒り出すようでは、父親としては〝失格〟ですよ」

母親のとりなしもむなしく、父と娘は反目したまま、食卓を離れました。最後に残ったのは、母親と食卓に並んだ食べ残しの食器だけでした。

翌日からD子さんは学校を休みがちになり、七月に入って母親の「もうあと二週間で夏休みでしょ」の「励ますつもり」の言葉を切っ掛けに「学校に行きたくない」と冷ややかにつぶやくと、不登校を宣言したのです。

母親からわたしへの相談の手紙でつながったD子さんと母親が、ある夏の日、初めてわたしの相談室を訪れてくれました。

「暑いなかを、ごくろうさまです。お母さん、子どものことでこんなに〝熱い〟思いをしたのは、久しぶりではありませんか？」

わたしはD子さんを相談の主人公にしないように（犯人さがし）、あえて母親の心境をくみ取ることで、その気持ちをD子さんに返していこうと思いました。

「わたしはこの子に甘えていたかもしれません。この子のことを考えなかったことはありませんが、みんなわたしの都合に合わせていたような気がします。だから食事を摂らなくなり始めたころ不安をもちましたが、考えるとわたしまで不安になるので明るく振る舞うようにしました」

わたしはD子さんに、この母親の心に気づいていたかをたずねました。

「これといって理由はないのですが、話すことといったら学校でも家でも高校受験のことばかりで、なんかちょっと踏み外してみたかったんです。友だちは親に反抗しているのにわたしは両親に反抗することもないので、それって普通じゃないのかもしれないと思ったのです。親子で言い争いをしている友だちがうらやましかったと思います」

わたしは不登校が〝一般化〟した最近、D子さんのように不登校を〝火遊び〟くらいに思っている子が多くなっているように思います。それも比較的、いわゆる問題のない「いい家庭」に起こっているのです。トラブルを起こすことで親と子がぶつかり合い、そこで火花を散らすことで生きている実感を得ようとしているようです。

「お父さんの言い方に腹が立ったでしょう」

わたしはD子さんの寂しい気持ちにふれてみようとしました。

「父には驚きました。わたしを叱ることができることにびっくりしました。でもそんなことは生まれてはじめてなので、黙ってしまうしかなかったのです。お母さんもお父さんに注意できる人だなんて知りませんでした。家《うち》はおとなしすぎて、性格までおとなしくなって自分の思ったことがわたしも言えない人間なんです」

わたしは疑問をストレートにたずねてみました。

「あなたの目的（トラブルを起こすこと）は達成したのに、どうして学校を十日も休みつづけているのですか」

「だって、話し足りないんです。またわたしが学校に行くと安心してみんな自分の思っていることや考えていることを話さなくなって〝楽《らく》〟してしまうからです。きょうだってここ（相談室）にくるまで、お母さんの小学生時代や高校生のときの恋人の話を聞くことができました。そんなこと、わたしになにかなかったら絶対に親から話してくれることなんてないと思います」

母親はD子さんの言葉に「これからどうすればいいのか」励まされているようでした。

親だから話せる、話しておきたいこと、子だからこそ親に話しておきたいこと、聞いておきたい話、そんな思いがこみ上げてきたとき、手間のかかる問題で子どもたちは親子関係に深みをつけたいと思うのではないでしょうか。

子どもは学校に行くためだけに、百点をとるためだけに生まれてきたのではないのです。いろいろなその子なりの〝使命〟をもって誕生してきていることを見失わないことです。

わたしたちは、何かに追われているかのようにあまりにも、忙しく生きています。そんな日々のなかで子どもたちの不安を訴えるつぶやきを聞き逃していることはないでしょうか。何とも言えない心細さ、寂しさ、孤独感を受けとめてほしいと、いろいろなサインを送りながら、届かないむなしさに、話すことをあきらめ、口を閉ざし、心を閉ざしていく子どもたち。誰かに自分の気持ちを話したい、聴いてほしい、不安な世界をさまよう自分を優しく包んでほしい、そんな思いを誰よりもわかってくれる親を、子どもたちはさがしているのです。

＊　＊

自分の人生の主人公は自分であると気づくことの意味

「自分という人間は、この世にひとりしかいない。かけがえのない自分の人生に気づき、こだわりがふっきれました。これからは自分の意思で生きてみようと思う」

ある十九歳の青年が、控え目な声で語ってくれました。

中学卒業を前に高校入試に失敗したその青年は、以来、中学の卒業式に出ることもなく、仲間とのお別れもなく、自室に閉じこもり始めました。担任は入学がまだ間に合う定時制高校をすすめましたが、本人の「プライド」が、夜間の通学に精神的に耐えられるものではありませんでした。

それから四年間。青年と家族は言いしれぬ「生き地獄」を徘徊したといいます。青年はただ誰とも話しをしたくなかったのです。自分の部屋にカギをかけ「自分の時」をもちつづけました。家族は日増しに生気を失い、青ざめた顔をし、吐いたり、ときには呼吸困難を起こす息子になすすべがありませんでした。

何が不満なのか、何を手助けすればよいのか、聞いても返事はありませんでした。父親は必死に、人生論を体験にもとづいて語るしかありませんでした。兄は、そんな弟を「やり直せ」と諭しました。

髭も髪も伸び、フロに入ることもありません。部屋は悪臭がこもりました。

家族はこの「異変」にただ傍観しているわけにはいきませんでした。相談所や病院を訪ねました。わたしのもとに訪れたのは、そうした一連の相談所巡りのなかでした。

「何を聞いても『何でもない、俺の好きなようにさせてくれ』と言うだけです。主人が、勉強しないなら働けと言えば、『学校に行っていると思えば、俺のメシ代くらいどうってことないだろう』と言い返します。いったい何が問題なのでしょうか。もうわたしは子どもを育てる自信がありません」

そういうと、母親は泣き崩れてしまいました。

わたしは父親とも会うことにし、家庭訪問という形で、青年の家を訪問しました。

父親はその日、わざわざ有給休暇をもらい、会社を休んでわたしの訪問を待ってくれていました。台所でお茶をすすりながら、父親は言いました。

「あの子のことはあきらめました。もうどうなってもいいという気持ちです。疲れました。体のどこかにハンディがあれば、親の責任として最後まで関わります。でもあの子は〝五体満足〟で、何不自由なく育ってきました。親としてできるかぎりのこともしてきました。わたしは高校卒業の身でいろいろと会社の中でも苦労してきました。それでも、やっとこれだけ社会的にも恥ずかしくない地位を築いてきたんです。家もローンとはいえ建てました。女房も家庭のことだけさせています。そして長男も、行きたい大学に通わせています。

当然、この息子にも教育にかけるお金は惜しみませんでした。別に学歴偏重というわけではありませんが、家にそれだけの力があれば、大学でもどこでも出してあげたいのが親でしょう。息子もそのつもりでしたよ。だから、多少高額でも都会の有名進学塾に入れたのです。それが、入試に失敗したからといって……。わたしは失敗したことを一度として責めたりはしませんでした。またやり直せばいいと思っていたんです。甘ったれですよ、あいつは」

最後は吐き捨てるような言い方でした。

この間、母親は青年の部屋に行って、わたしと会うように〝懇願〟している様子でした。でも、青年は姿を現しませんでした。

父親は、「精神的な病気だと思う。かなり深刻な状態なので、病院に行くように言ってはいるが、本人にまったくその気がないので困っている。どうしたら連れて行くことができるだろうか。場合によっては強制的な処置入院ということも考えているが……」と、沈痛な面持ちで言いました。父親がそこまで決意をしていることはわかりましたが、わたしにはどうしていいのか、わかりませんでした。とにかく、本人と実際に会ってみないことには、何とも言えませんでした。

青年と会うことができず、帰る時間が迫ってきました。ご両親に挨拶して玄関を出ようとしたとき、青年が部屋から出てきたのです。

やせて、背の高い青年でした。表情にはほとんど生気がありませんでしたが、それでも母親にうながされて「ありがとう、ご、ざ、い、ま、し、た」と頭をさげました。

それから三年間、わたしは青年に対しても、家族に対しても、通信を送りつづけ、季節の挨拶を交わしただけでした。その通信の封筒の下に、いつも、封入するときの気持ちをひと言だけ書き添えました。

青年はこの三年のあいだに、予備校に通ったり、定時制高校にも通いました。でも、すべて一年とはつづきませんでした。大学入学資格検定試験にも挑戦しようとしましたが、一科目か二科目を残してやめてしまったようです。母親は、青年との朝から晩までの生活では、子どもがいつまでも大人になれないとの思いから家を出ました。その期間は十か月くらいでした。そして、再び、母親は家に戻りました。

冒頭のひと言は、その後、青年からかかってきた電話でのやりとりです。

たった一度、青年の家の玄関で言葉を交わしただけなのですが、青年のこのひと言と、父親の「甘ったれですよ、あいつは」の言葉を考えると、青年なりの意地のようなものを感じました。そして苦しみながらも、なんとか父親を乗り越えたのではないかと、思えました。

この青年が十五歳の春に、試験に失敗し、思い悩み、失ったものがなんであるのかを、父親なりに思ったのかもしれません。父親の息づかいが聴こえてきます。

「成績と教育費と進学先ぐらいにしか日常の関心がなかった父親」にとって、「引きこもる」わが子の相談相手としての「父親」になることは、たしかに大変だったに違いありません。「甘ったれですよ、あいつは」と突き放した言い方しかできなかった父親が、「これからは、自分の意思で生きていこうと思う」と語るわが子の姿に、わが子の成長を感じることができる気づきがこのトラブルから生まれたでしょうか。父親が世間体を気にせず、ありのままのわが子を受け入れたとき、わが子は父親の腕のなかで大きく羽ばたくことができるような気がします。

人間には、誰にも自我があり、自尊心があり、それなりに生き抜く価値観をもっています。

いま、生きることにさまようこの青年のような立場の若者は多くいます。ともすると、人格の片寄りからくる「人格障害」というレッテルを貼られて、気持ちが落ちついたかのような親御さんを見かけます。原因が「病気」であるならば、腹を据えて治療に専念しようとします。だから原因不明を待てないのです。子の不安は親の不安であり、親の悩みは子の悩みとなります。焦る親御さんの気持ちは痛いほどわかります。しかし具体的に「どうしたらいいのか」という段階になると、医療にまかせる、というわけにはいかず親子とも立ち止まってしまうのが現実です。

子どもから青年、そして大人へと成長の過程にあるのですから、戸惑ったりするのはあたり前です。親も子も戸惑ってあたり前なのです。

ただ、そういう成長過程にある子どもに、性急に「大人の規範」を押しつけたり、当てはめて判断しないでほしいのです。子どもはますます戸惑い、苛立つだけです。その苛立ちと戸惑いが「症状」となっているように思うのです。戸惑いとは、人間関係への戸惑いです。生き方、考え方への戸惑いでもあります。

子ども社会では許されていたことが、大人社会では許されないことに、戸惑い、憤るのです。「なぜなのだ。その理由が知りたい」ということなのです。でも、納得できる解答などありません。情の世界で納得しなくてはいけないことや、人間関係のしがらみでそうなってしまうことを、納得するしかないのです。理論や方程式などありません。戸惑うことでしか得られない「答え」があるのが、人間関係です。だからネット社会で育った子どもには人間関係の葛藤をひとまずそのまま受け入れることが課題となるのです。人間には「わからないことがある」ということを、わたしたちはわかる必要があるのです。

自分の人生の主人公が自分であるように、自分の苦悩はいくら親とはいえ、他の人にはあずけられません。孤独といえば孤独ですが、だからこそ人間関係が大切なのです。

親子とはお互いさまの関係

母親に暴力をふるいつづける二七歳の青年がいました。アパート暮らしをしている彼は、土曜日の夜になると実家に戻り、無理難題を母親にふっかけます。そしてその思いがかなわないと、母親に暴力をふるうのです。母親にとって土曜日は恐怖でした。逃げ出してホテルに泊まったことも一度や二度ではありません。

青年は働いていますが、友だちはいません。日曜日を前にした土曜日は、ことのほか寂しくなり、街が寝静まる深夜になると、誰かとふれあいたいとの思いが募り、いたたまれなくなるといいます。そして、ふれあいを求めて、母親のもとに車を走らせるのです。

そんな母親へ、なぜ青年は理不尽な暴力をふるうのでしょうか。青年は言います。

「いまでもはっきりおぼえています。四歳のとき、母は父と僕をおいて、ドイツに仕事のためと言って留学したのです。母の手をしっかり離さないように握っていた僕の手を、母は振り払って行ってしまったのです。帰国してからいままで、僕は母の温かい手料理を食べたことがありません。いまでも父のビールのつまみは出前のピザ。僕はインスタントのカレーばかりです。僕は、母の実家のおばさんの家で、僕のために揚げてくれたトンカツが忘れられません。母は皿洗いが下手でした。僕はいつも思っていました。これが僕の母親のはずがない、きっと母親はどこかにいる……と。そう思っても、やっぱり『この人』が母親なのです。僕は『あの人』は生んだだけの『人』だと思っています」

それだからといって、青年が憎しみのあまり暴力をふるっているとは思えませんでした。

「あの人」が母親であることは避けられない事実だと知った彼は、どうしても「あの人」

のなかにあるはずの自分の「母」に出会いたいのだと思いました。どんなことが起きても「わが子をはなさない母」に、ひとときでもいいから会い、「母と子」の感情に浸りたいのです。青年は満たされない過去から現在へとつづく母への慕情を「不器用」でもいいから、体をはって受けとめてほしいと、母親にぶつかっているのだと感じます。

十数年前のことになりますが、わたしは恥も外聞もなく、家族の前で泣いてしまったことがあります。

理由は、母親のひと言でした。そのころ、わたしは深夜まで忙しく働いていました。休日もままならず、深夜でも関係なく相談の電話がかかってきたり、あるいは出かけていったりしました。そんなとき、たまたま自宅に長時間の電話が何本もかかってきたのです。電話での対応の途中で立っていることに疲れ果てて、横になろうとしていたときでした。電話でのやりとりを、そばで聞いていた母親が、横になってしまったわたしに、

「自分の体をこわすまでするような仕事なら、やめてしまえ」

と一喝して、わたしをにらみつけたのです。

わたしは、生活のリズムがつくれないでいる自分の苛立ちと、電話口の向こうで心を開いて悩みを打ち明けてくれている真心に対して、母親の声が届いてしまったのではないかという不安が重なりました。そのあとの、相談者との電話でのやりとりをあまりおぼえていません。ただただ、母親の言葉が頭のなかをグルグルと回っていました。

電話を終えて、母親の顔を見るなり涙がこぼれてきました。

傷つけられたような思いと、理解を示してくれないことへの悔しさがありました。とくに母親に対しては、わたしのよき理解者という思いが強かっただけに、そのショックが大きかったのだと思います。その夜から、朝出勤するまで、母親とは無言の状態でした。

その日、このことを先ほどの青年に話したくなり、電話をしました。彼は冷静にわたしの話を聞きながら、

「きっと、富田さんの体のことを心配してそう言ったんでしょう。思っていることを上手に表現できないときもありますよ。とくに親子は近すぎますからね」

とアドバイスしてくれました。わたしは母親にたくさんの思いを満たしてほしいと、甘えていたのかもしれません。そのような言い方しかできなかった母親のつらさまでは気づいていませんでした。親子とはお互いさまを承知してこそ成り立つ関係ですね。

無防備に親を信じて生きるのが子という存在

寡黙な二十歳の青年の話をしましょう。

幼いころから、厳格な父親のもとで育てられた彼は、社会的にも評価される父親の前では従順でした。彼だけではありません。母親も姉も、父親の言葉に素直に従っていました。彼は何か疑問に思うことがあったら父親にいつも尋ねました。父親の解答は、多少難解であっても「立派なお父さんの言うことだから、間違いない」と信じていました。でも、どこか心の中で「言いくるめられてしまったのではないか」という思いがしていたそうです。

相談室を訪れた青年に、わたしはこんな質問をしました。

「父親とのことで、これまで楽しかった思い出はありますか？」

「小六のとき、父とふたりで魚釣りに行ったことです」

青年はそう答えました。父親とふたり、水辺で釣り糸をたれながら、いろんな話をしたのだろうと、わたしは勝手に想像しました。

「どんなことがいちばんうれしかったの？」

「はい、父に釣り方がヘタだと頭を殴られたことです」

「いや、僕はうれしかったことを聞いているんだよ」

「だから、叱られたことです。叱られることで、父から何が正しいのかを教えてもらったのです。だから、いまもこうしていられるのです」

彼にとって父親とは、精神的にも人格的にも絶対の存在のようでした。

それからしばらくたって、彼から連絡がありました。電話では要領を得ないので、会うことにしました。

彼は目を真っ赤にしてわたしの前に現れました。

「きのう、父から『おまえのようなやつがいるから家族が幸福になれないんだ。いつまで大学に行けずにこうしているんだ』と、石で頭を殴られるように言われました。僕は父親の言うとおりに素直に生きて、ここにいるんです。母も僕もひと言も父に疑問を言いませんでした。いま、こう言われても困るんです。頭が混乱してしまうんです。でも、きのうも僕は父に何も言いませんでした。僕は思い出しました。僕の二十年間は、神社（寺）にある仏像（四天王）に踏みつけられている子ども（餓鬼）のようでした」

彼は、立派な父親の言うとおり、すべてにおいて「素直」に生きてきたのです。

「にもかかわらず、いまさら見捨てられて、どう生きていけばいいのかわからない」

と彼は、ふりしぼるように言いました。

まさに「いい子」の悲劇だと思います。親にしてみれば自分の思いどおりに行動してくれるわが子。子どもも、親に自分の意見を〝丸投げ〟して〝楽〟していたのでしょうね。つまり「いい子」であることで、親子はまとまっていたわけです。もちろん、彼も親も〝楽〟をしいているとは思っていません。親はわが子を「素直」と思い、子は親を「何でも教えてくれる頼りがいがある」と思っていたのです。平たく言うと、〝利害〟が一致していたわけです。

でも、親にとって、わが子が「困った子」になったとき、親子のまとまりに、ほころびが生じ、利害関係が一致しなくなってしまったのです。親から見ると、「素直さがない」「主体性のない」「自主性のない」子になったのです。

それを彼一人で背負うには荷が重すぎるのです。そのように考えると、この親子にとっては、これからが子育ての始まりなのです。

第3章　「子どもの気持ち」を聴く40のエピソード

第2章では子どもたちの息づかいからどんな声が聴こえてくるかを学んできました。ネット社会に生きる子どもたちとリアリティーのある人間関係を紡ぎ合うには、まずしっかり関係に深入りすることです。その第一歩が心に近づくことであり、それが気持ちを聴くことにつながります。

さて、この章では、わたしの相談室で繰り広げられている日常のやりとりを中心に、子どもの声を聴くためのヒントとなる40のエピソードを紹介しましょう。

エピソードのテーマの次に書いてある段落下げは、子どもの「聴いてほしい」という本音を紹介したものです。

エピソード・テーマと子どもの本音を対比させながら読んでいただけると、より深くご理解いただけると思います。そして最後に「ちょっと一工夫」を提案させていただきましたので、参考にして心がけていただければと思います。

エピソード1　構えた話しかけをしていませんか？

ぼくはネ、最初からこんなふうじゃなかったんだよ。最初はおしゃべりだったんだ。でもネ、しゃべることが、しんどくなってしまったんだ。

子どもの気持ちを聴くためには、まず、話を聴く必要があります。親が知りたいことを子どもが話してくれればいいのですが、大半は核心部分をはずした内容を語ります。子どもだからといっても、そう簡単に本心は言えるものではありません。いや、むしろ何をどう話していいのか、本人の整理がついていない場合も多いのです。ですから、どうしても回りくどくなったり、要点を得ない話し方になってしまいます。

すると、親はこんなふうに話を〝誘導〟しがちです。

「それで、どうなったの？」

「そんな言い方じゃ、わからないよ。つまり、こういうことなのね」

「で、結論はどうなんだ。余分な話は後で聞くから、結論から先に教えてくれ」

子どもが話している最中に、口を挟んでしまいます。

質問してしまうわけですが、それでも要領を得ないと、今度は詰問になっていきます。

そして最後は、親の考えの押しつけになります。聴いているようで、感想、意見、批判になってしまいます。

「そういうことなんでしょ」

「結論は、こうなんだろう」

「つまり、おまえの言いたいことは、これなんだな」

子どもの話し方は、大人からみればスキだらけです。押しの強さも含めて理屈も知識も大人が〝上〟ですから、子どもを「丸め込む」なんてのは、それこそ朝飯前ですね。でもそのような聞き方は、子どもにとっては「話したい気持ちが消えてしまう」聞き方なのです。

大切なのは、気持ちの交流です。いくら質問されても、構えた話しかけだと、どこかで「詮索」されているような気がするものです。構えた話しかけとは、平たく言うと「正論」を述べる話しかけであり、「反論できない」話しかけなのです。あるいは、イエスかノーか、どちらかを選択せざるを得ないような話しかけです。話しかけられたほうは、触れてほしくない弱点をつかれた気がして、身構えます。

その逆に、話してみたくなる人の聞き方とは、時間をかけて、気持ちを聴いてくれそうな人であり、聴き方です。まずはとっかかりとして、言葉の意味や内容を聞いてほしいのではなく、そのように言いたい、言ってみたい気持ちを聴いてほしいのです。

一工夫《ちょっと》　**自分の弱い〝陰〟の心を素直に語る「自己開示《オープンマインド》」（ざっくばらん）に心がけてみましょう**

エピソード2　ただ、そのまま聴いていますか？

親や先生の意見を聞きたいわけじゃない。正しいことを聞きたいわけじゃない。

人はつらく、悲しい現実に巡りあうと複雑な思いを心にためていくものです。だからたとえその気持ちを誰かに知ってほしいと願っても、「理解してもらえないだろう」「わがままと言われてしまうだろう」「笑われてしまうだろう」と、いろいろな思いが心を駆けめぐり、結局、口を閉ざしてしまうことがあります。

ある少女は、担任や親から「思ったことは何でもいいから、勇気を出して話してごらん」と言われていました。だから、引っ込み思案な彼女は、中学の席替えのとき、自分の嫌いな人といっしょになることに強い抵抗をおぼえて、勇気を出して、自分の気持ちを担任や友だちに「もう一度、席替えしてほしい」と言ったのです。

ところが、担任とクラスメートの反発は予想以上のものでした。彼女は「やはり、言うべきではなかった」と心で思いましたが、それ以来、クラスでは浮いた存在になってしまったのです。彼女は、「ほんとうの気持ちはけっして言ってはいけない」と心に誓いました。高校に入っても、「本心はなるべく口や態度に出さないように」と心がけました。それが「自分なんだ」と言い聞かせました。こんなたまりにたまった想いを、やっぱり誰かに聴いてほしい、親や先生に聞いてほしい、と彼女は思っていました。でも、話せばきっと「そんなことで悩んでいたのか」と意見されるにきまっていると、彼女は思っていました。

自分がどんな立場におかれているのか、何をしなくてはならないのか、みんなだいたいわかっているものです。でも、人にはそれぞれテンポがあって、思うようにはいかないものです。その苛立ち、悔しさ、心細さ、ふがいなさを、聴いてほしいのです。

「わたしは、正しいことを聞きたいわけじゃない」

と言われたら、

「そう、そうなんだね、正しいことを聞きたいわけじゃないんだね」

と、そのまま彼女の気持ちを鏡になったつもりでミラーリングしてあげてください。彼女の気持ちを「こんな感じかな」と、フィードバックしてあげてください。

そして一区切りつくまで話す「時間」をつくってあげてください。途中で、口を挟むことなく、腰を据えて彼女の話を聞いてあげてください。そこには、何の評価も、判断も必要ありません。大人の考えで、「それは、違うんじゃないの」とか「別の考え方もあるんじゃないの」とは言わないでください。それをもしも言うとしたら信頼関係ができてからです。

ただ聴いてもらえるだけで、彼女は「あるがままの自分」を肯定されたと思えるのです。アドバイス、指導はそれからあとのことです。

一工夫《ちょっと》　励ます前に、話したい気持ちを「そのまま」（肯定的）に聴いてみましょう

エピソード3　具体的に聴いていますか？

具体的に聴いてもらえると、具体的に意欲がわいてくるんだ。

　聴くことの大切さは言うまでもありませんが、「聴くだけでいいのでしょうか？」と不安に感じる大人も多いでしょう。

　エピソード②で説明した「ただ、そのまま聴いていますか？」と矛盾するように思われるかもしれませんね。でも、ここで言う「具体的に聴く」というのは、「話し足りないことはないの」という意味での、「具体的に聴く」ことをさします。

「語りつくす」といわれます。でも、それはひとりではなかなかむずかしいことです。話のキャッチボールをしながら、「なるほど、それからどうなったの？」とか「そのあたりを、もう少し詳しく聞かせてよ」というコミュニケーションを重ねることで、自分でも見落としてきたことや、気づかなかったこともわかるものです。そして「つまらない、くだらない話かな」と思ってふれなかった話までさかのぼることができると、「聴いてもらえた」「わかってもらえた」と救われる思いがするものです。関心を示しながら聴くことで、「この子は、何を言いたいのだろう」とか「この子の悲しみは、このしがらみから来るのかもしれない」ということが見えてきます。それは、子どもの話に心を寄せることでもあります。

うなずき、相づちなどの「間《あい》の手」が必要なのです。「なるほど」「そうだったんだ」「くやしかったんだね」といった言葉を挟むことで、双方向のコミュニケーションになるのです。その上で、先の「そこを、具体的に聴かせてよ」という、話のキャッチボールになるのです。「聴いてもらっている」と思えば、「うん、それでね……」と話がはずむのです。

ここで少し考えてほしいことがあります。それは、「物わかりのいい聴き方」と「関心を寄せる聴き方」の違いです。

物わかりがいい聴き方は、話すほうからすると、物足りない感じがします。「のれんに腕押し」「糠に釘」です。つまり、言葉は聞くけど、わかってほしい気持ちを聴いてもらっていない、という不満が残るのです。もっと厳しい言い方をすると「自分勝手に聴いている」ということです。ある中学生は、相談室で「物わかりのいい父親」に対して、こんなふうに不満を爆発させたことがありました。

「ただ聞いていればいいってもんじゃないよ。お父さんは僕に関心がないの？　たまには聞いてほしいよ、『おまえ、いま何年何組なんだ』って」

しっかり聞いてもらうと、質問されることに答える喜びが芽生えます。相手の役に立っている、相手の願いに応えてあげているという喜びです。それは「この人はもっと自分を詳しく知りたいと思っている」と感じることなのです。

一工夫《ちょっと》　**無関係にしない相手の立場からみえてくる共感的質問をしてみましょう**

エピソード4　自分が無力であることを認められますか？

できないことを、やれといわれても、できないものはできないんだよね。

人は人です。機械でも神さまでもありません。機械ならば、能力が最初から決まっています。それ以上の能力を求めても、機械が壊れるだけです。だから最初から能力以上のものは求めません。ところが、往々にして、人は人に対して、できないことを「やれ」と言います。立てない子に「立て」というようなことを平気で言ってしまいがちです。

親として、教師として、カウンセラーとして、できてあたり前のことができないこともあります。他の人にはできても、本人にはどうしてもできないこともあります。そんなとき、もっとも「無力感」をおぼえるのは当の本人です。

教師や親にいつも反発ばかりしている子、髪を染め、ソリを入れている子。ダメだといっても、教室をナカヌケする子……。できることは肯定され、できないことは否定される。これが普通ですが、でも「やろうとしてもできないこと」を否定されると、自分の存在すべてを否定されたような気持ちになります。カウンセリングでいう肯定とは「事の善し悪し」を判断することではありません。できること、できないことを判断することでもありません。

「そうするしか術《すべ》がなく、それであったからこそ、なんとかきょうまで生きてこられた。いや、そうしなければ生きてこれなかったかもしれない」

そうみていくことが、カウンセリングでいう肯定です。否定の入らない存在そのものを絶対肯定することです。それはふり返ってみて、「立てない人に立てと言いつづけてきた自分のふがいなさ、愚かさに気づくこと」です。それが、自分自身を肯定することにもなります。

相手が無力であること、自分よりも劣っていることを認められても、自分自身の無力さを認めることは、なかなかできません。そして、その「気づき」は、相手の話を「ただ聴く」ことから生まれます。

時々「聞いているだけでは、親としてのメンツがない」という人がいます。これは教師でもおなじです。聞くだけではなくて、何か適切なアドバイスや励ましをしなくては、親や教師としての立場がない、というわけです。でも、親であっても、教師であっても、できないことがありますよね。にも関わらずアドバイスや励ましをしてしまうのは、自分の無力さを認めたくないからだと思います。自分の無力さにフタをし、相手のいたらなさ、未熟さを指摘し「それが原因だ」と言ってしまいます。なんと傲慢なことでしょうか。

自らの無力さを認めるには勇気がいります。自分の弱点を相手に語ることです。そして語れないその葛藤を誤魔化さないで正直に、素直に、逃げないで見つめ引きずっていくことが大切です。

「わたしはあなたではない。あなたはわたしではない。されど仲良き関係でありたい」

人は互いに代替えのきかない無力な身を生きています。まずその努力を関係の第一歩として認め合いたいものです。生きているだけで互いに価値ある存在なのです。それを「自己一致」といいます。自分の、無力だがそれなりに努力し、きょうまで生きてきた気持ちを正直に見つめることです。そして自分のその気持ちを否定しないことです。「そういう気持ちになる自分」に触れていくことが大切です。そうすることで、子どもの「そうせざるを得なかった」気持ちも見えてきます。

子どもの反抗にイライラする自分、イライラせざるを得ない親としての自分の気持ちを否定したりせずに素直に括《くく》って少し心の脇にその気持ちをおいて見つめてみましょう。自分の思考と感情を一致させてこそ、そこから「反抗せざるを得ない子どもの気持ち」に気づくことができるのです。そして見えてくるのは、親も子もおなじように無力な存在だということです。それがあなた、であり、それが自分、なのです。

人は無力です。でもその身を背負って生きているのです。だから無力でも無価値ではないのです。

ちょっと一工夫　**苦しみを背負っているだけで、もう十分に努力していることを言葉にして子どもに伝えてみましょう**

エピソード5 その場しのぎの言い訳をしていませんか？

「ごめん」と言ったあと、すぐに〝言い訳〟するんだよね、親や先生は。

人間関係を円滑にするには、「謝《あやま》る」「謝《ゆる》す」ことがとても大切です。謝罪の気持ちは自分の無力さに目覚めた謙虚さからでてきます。日本人はすぐに謝りますね。たとえ自分が悪くなくても「いやいや、どういたしまして」と頭を下げてしまいます。わたしたちがすぐに頭をさげるのは、相手との信頼関係を考えてのことだと思います。「お互いに言い争ったら、人間関係がギクシャクしてしまう」とか「自分だって失敗してしまうことがあるから」と考えます。

ところで、大人が子どもを叱ったあとで子どもに、「ごめん」と謝ることがあります。でも叱られた子どものほうは、なかなか合点がいかないものです。かえって「謝るくらいなら、最初から叱るな！」と、叱られたことにも謝られたことにも不信感を抱いてしまいます。これでは信頼関係も人間関係もかえってギクシャクしてしまいます。

とくに八つ当たりで叱られた子どもは、納得できませんから、大人の謝罪に対して攻撃的態度に出ることがあります。プイッと横を向いたり、僕が悪いんじゃないと、反抗します。それは子どもの「心細さ」の現れでもあるのです。「ほんとうに、ごめんと思っているの？」という確信を得たいのです。ですから、「親が謝っているのに何ですか、その態度は！」と大人が逆襲するのは「やっぱり、ごめんというのは嘘じゃないか」と、いうことになってしまいます。

こんなふうに、いったんこじれてしまった関係でも、修復する方法はあります。それは、気持ちを聴こうとする努力です。これを「傾聴」といいます。誠実に聴くことです。聴くことは簡単なようで、根気と忍耐がいることです。また、上辺だけでもなかなか聴くことはできません。いうならば精神的なゆとりがないと、なかなか「聴く」ことはできないのです。時間的な余裕も必要です。そして何よりも必要なことは、自分自身の心に正直になるということかもしれません。それは、子どもに対して、構えや飾りのない無防備な状態ともいえます。ですから、「ごめん」と言うだけではなく、そのときの自分の正直な気持ちを吐露することが大切です。それは、自分の弱点を相手にさらすことになります。でも、それが「誠実に聴く」ことの第一歩だと思います。

ちょっと一工夫 **言い訳がましいと少しでも思ったときは、腰を据えて相手の気持ちを数分でもいいから傾聴してみましょう**

エピソード6　真剣すぎていませんか？

まばたきもしないで構えられると、言葉がつまっちゃうよ。

「テープにとるような聞き方をされたら、話したいことも話せないじゃないか」

こんなふうに言った少年がいました。

わたしはカウンセラーや相談員、あるいは教職員の勉強会に出席したとき、驚いたことがあります。それは「観察」という言葉が頻繁に飛び交っていたからです。

「子どもの身なりや行動、言葉を一つひとつ見逃さないで、つぶさに温かく観察していく」といった報告もありました。でも、相談室で日ごろ子どもたちと向き合っているわたしには、子どもたちが口癖のように言う「観察されたくない」という叫びがどうしても耳から離れません。よく聞いてくれるのはありがたいし、うれしいのですが、それもほどほどです。あまりにも見つめられると、気が抜けません。いい加減なことも言えないし、冗談を言うことも許されない雰囲気になってしまいます。間違いをさがされているようで、言葉に詰まるのです。

話しやすい環境というのは、問いつめられる不安もなく、気持ちを理解してもらえそうな環境です。ひと言も聞き漏らさないという態度は大切なのですが、「事情聴取」をするような聞き方では、本音を語ってもらうのはまず無理でしょう。
気持ちよくうながされて話せるのは、聞き手のうなずきと相づちがポイントになります。これは話し手と聞き手がコミュニケーションを取っていることを相互に確認していることを意味します。聞き手が話し手の心をかみしめてこそ、うなずきと相づちが打てるのです。話しているほうは、相手がうなずいたり、相づちを打ってくれることで間を取ることができ、息抜きにもなります。

ところで「納得できなければうなずけない」という人もいます。こういう人の場合、話の内容を善悪で判断していることが多いものです。「自分勝手で、悪いことを言っているのに、うなずくなんてとんでもない」というわけですね。その気持ちもわかりますが、うなずくのは「あなたの気持ちを受けとめたよ」「なるほど、そういうことだったんだね」と寄り添いのためのうなずきであって、「許可した」「了承した」という意味でのうなずきではないのです。

うなずきながら、「ウン、ウン」「それで」と相手の話に積極的に関われば聞き手の意欲が、話し手に伝わり、より自然な会話になります。これが、お互いが気持ちよく話せ、聞くことができる環境です。

一工夫《ちょっと》 **最初は黙ってうなずくことから関わりを始めてみましょう**

エピソード7　うなずいてばかりいませんか？

黙ってうなずくだけでは、頼りないよ。

ある日のこと、相談室におとなしい父親と、少し苛立っている少年とが面接に訪れました。父親は何に対しても理解があり、少年の悩みについてもそれなりに相談にはのっているとのことでした。すると、少年が手を握りしめて、こう言ったのです。

「感情がないわけじゃないだろ、少しは反応しろよ」

うなずくだけでは、話すほうも満足しない場合があります。悩みや苦しみを言葉にして相手に話し、そして聞いてもらうことで心の重荷をかなり軽くすることができます。でもコミュニケーションという視点で考えると、やはり「気持ちのキャッチボール」が大切になります。そして「ほんとうに、僕の気持ちをわかってくれたの」と確認がほしくなります。

これまで「ただ聴くだけ」ということをさんざんお話ししてきました。「途中で口を挟むことなく、意見を言うことなく最後まで聴くことが大切」と言いました。しかし、この少年は「少しは反応しろよ」と、父親に苛立っています。みなさんは、この状況に戸惑うかもしれませんね。「ただ聴いているだけではいけないの？」と思うでしょう。話し手はうわの空を心配しているのですね。

　大切なことは、話し手の気持ちを聴くことです。でもそれは同時に、聞き手の気持ちを相手に伝えることでもあるのです。誤解しないでいただきたいのは、気持ちといっても、聞き手の意見や高まいな理論ということではありません。

「僕は、とてもA君が苦手なんだ。いつも意地悪をするし……」

　と話されたら、

「そうか、おまえはとてもA君が苦手なんだね。いつも意地悪をされるんだね」

　と繰り返すことが大切です（これをミラーリングといいます）。このとき「おかあさんも、A君、あんまり好きじゃないのよ」というのは、「いらぬ意見」です。ましてや、「これから、A君とはつき合わないようにしなさい。おかあさんから、先生にも言っておくから」などというのは、子どもからしたら「よけいなお世話」と反発したくなります。

　それから「おまえにも、注意する点があるんじゃないの」というのも「高まいなご意見」で、子どもが口を閉ざす原因になります。

　先の、父親に苛立った少年の話に戻りますが、父親はただうなずくだけで、ミラーリングが不足していたのです。だから「少しは反応しろよ」となってしまったのです。

ちょっと一工夫　**話した内容を確認する意味もあるので、ときどき繰り返しに努力してみましょう**

エピソード8　理屈で話をまとめようとしていませんか？

わかったような言い方で丸め込まないでよ。

大人と子どもでは、おなじ言葉でもかなり意味が違っているものがあります。それが「悩み」の場合は顕著かもしれません。

大人の場合は「悩み」を「問題」と同義語としてみていきますよね。ですから、子どもから何かの相談を受けると、「問題解決」の方法を考えます。そして大人の経験則にもとづき自分なりにアレンジした形で、子どもたちに「解決方法」を提示します。

「なるほど、そういう場合はね、○○のようにしたらいいんだよ。きっとうまくいくよ」

という具合です。あるいは、

「なるほど、おまえの悩みというのは、こういうことなんだ。よくあることだよ」

となることもあります。大人はついつい、子どもに対してそうした、ためらいなしの言い回しをします。人生の大先輩としてはすでに経験済みのことも多く、その視点で「こうすればいい」とアドバイスしたくなります。あるいは未経験であっても、それなりの知恵で、それなりの「解決策」を示そうとします。

あるとき、相談に来ていた少年に、こんなことを言われたことがあります。わたしが少

年の抱えている苦しみや悲しみに共感をおぼえて、

「いろいろつらかったんだね。大変だったんだね」

と言ったところ、

「わかったような言い方をしないでください。そんなに簡単に人の心を言い当てないでください」

と、少し苛立って言われてしまったのです。わたしは冷や汗が出ました。どうしても面接を〝効率的〟にすすめ、いちはやく問題解決へたどりつこうと、気持ちがはやってしまった結果、わたしが自分勝手に話を「まとめ」てしまったのです。これは、時間におわれているときに、子どもから話しかけられた親もおなじ立場かもしれませんね。

「学校に行こうと思うと、お腹が痛くなっちゃうんだ」

朝の出勤間際に、あるいは家事の忙しいときに、子どもから話しかけられた場合、どう対応してしまうでしょうか。

「どこが痛いの。いつから痛いの。学校どうするの」

と畳みかけるように質問しがちです。そして、「そんなに痛いのなら、お医者さんに診てもらおうか」と、問題解決の結論を出します。お腹の痛い子どもに対しては、それが最善の策であると、大人であるわたしたちは考えます。しかも、時間もないのですから、話をまとめようとするのは、しかたのないことかもしれません。

でも、まとめる前に子どもといっしょに「悩む」ことも重要な気がしてなりません。

「学校に行こうとすると、お腹が痛くなっちゃうんだね。どの辺かな。ここ？　そう、ここが痛いんだね。どうしたらいいかなぁ」

こんなふうに、いっしょに「悩む」ことで、子どもは安心することも多いのです。問題解決を優先させるより、いっしょに悩み苦しむことが、ときには必要な気がします。だってその悩みを背負う当事者は子ども自身だからです。わかったような言い方、問題解決のみの言い方は、子どもを「僕のことを親身になって考えてくれていない」という寂しい思いにさせてしまうのかもしれませんね。

ただいつまでも漫然と子どもの話を聞いているだけでは苦しみの輪郭がみえてきません。事実を互いにつきあわせていくことで、ホッとする子どももいます。

わたしはそんなとき、自分の感情を比喩、ことわざに言い換えて間《ま》をとることにしています。

一工夫《ちょっと》　**話をくみ取ることに息詰まったときは、なにか別な表現方法に言いかえてみましょう**

エピソード9　一心不乱な姿を見せていますか？

お母さんも、わたしといっしょじゃん。

小学校・中学校時代をいわゆる「いい子」ですごしてきた高校一年生の少女が相談室を、母親といっしょに訪れました。

母親は、キャリアウーマンで、しかも家事も立派にこなしていました。どこからみても「良妻賢母」でした。相談内容は、少女の「問題行動」で、悪い友だちと付き合いだし、「悪い子」になってしまった、どうしたらいいでしょうか、というものでした。

話がすすむうちに、母親は涙を流し始めました。涙でお化粧もくずれ、端正な顔立ちがくしゃくしゃになっていきました。それでも、母親は一心不乱に、そして必死に、わが子への心配な気持ちを時間いっぱい吐露しつづけました。少女は、そんな母親の姿に驚いた表情を見せましたが、どこかうれしそうでもありました。

後日、その少女が相談室を訪ねてくれました。

「お母さんが取り乱した姿を、あのとき、初めてみました。お母さんは、いつも品がよくて、優しくて、立派で頭がよくて、落ちついていました。でも、あのときはわたしのために、顔をグチャグチャにしながら心配しているのをみて、お母さんはどんなわたしになっても、最後まで見捨てないで関わってくれるんだ、と感じたんです」

そんなふうに語ってくれました。

「お母さんもわたしも、いっしょなんだなぁ、と思えると、いい子でいたときに抱いていたお母さんへの不安な思いが、スーッと消えていったんです」

いまでは、母親と平気で怒鳴り合ったり、取っ組み合ったりしているといいます。

「言い訳をすることがなくなって、そのかわり、自分の意見を言うようになったんです。お母さんもわたしも、そうしたらお互いに〝自分らしさ〟がわかってきたような気がします。違っていいんだなぁと思えるんです。そして、必死になってわたしに喰ってかかる母親の姿に、これまでなら否定的な感情しかわいてこなかったんですが、いまは、〝脇目もふらずに子どものために、頑張っているなぁ〟と、なんだかお母さんを誉めてあげたくなるんです。叱られているのはわたしなのに、なんだかちょっと変ですね」

「いい子」を放棄してしまった自分のために、「母親として失敗したんじゃないか」と不安に感じている母親に、「そんなことないよ。いまが一番きれいだよ」と言ってあげたいと少女は言います。

一工夫《ちょっと》　深くわかりあうために、ときにはケンカもしましょう

エピソード10　理屈で「自分さがし」をうながしていませんか？

自信って、自分でつけるものなの？　ひとりでつけられるの？

本屋さんに足を運ぶと「自分さがし」関連の本がかなり並んでいます。よくよく考えると、わたしたちの人生そのものが「自分さがし」です。自分とは何者であるのか、何のために生きているのか……など、考え出したらキリがありませんね。その「自分さがし」でもっとも大切なのは、わたしは人間関係だと思います。人と人とのコミュニケーションによって、自分さがしは深まっていくような気がするのです。

ところで自分を深めるためのコミュニケーションだからこそ、中身が大切だと思っていらっしゃる方も多いのではないでしょうか。崇高な中身でないと、自分さがしができないと思っておられるかもしれませんが、そんなことはありません。

自分さがし、つまり「自分らしさ」の発見とは、自分と相手との違いの発見であり、自分自身への「自信」です。強がりではなくて善し悪し関係なく、自分も存在していいという「自己肯定感」です。とくに成長期にある子どもにとっては、自己肯定感を土台にしないと、自分さがしなどできません。それは、人間関係の絡み合いのなかで育っていきます。「そのままの、おまえでいいんだよ」と認めてもらえることで、「自分とは何者なのか」

が明確になっていくのです。つまり、自信ですね。いいとか悪いとかではなくて、そのままの自分を肯定してもらうことが大切なのです。そうすると、アイデンティティ（自己認識）が確立し、あらためて「自分さがし」をするまでもなく、「いま、ここにいるのが自分」という安心感が生まれます。

本のなかから、あるいは「こうあるべき」といった解説からは、なかなか自分さがしは深まっていきません。理屈ではないのです。

人は人に認められ、肯定されてこそ、自分を見つめ、自分の位置をみつけ出すことができるのだと思います。

そこから、自分と他人との違いや、人間関係のおもしろさが見えてくるのではないでしょうか。

一工夫《ちょっと》　肯定などとしゃちほこ張らないで、ただただかまっていきましょう

エピソード11 間《ま》をとらずに相手の心に入っていませんか?

そっとしておいてほしいときに、親切顔して来ないでほしい。

相手をおもんぱかって援助をしたのはいいけれど、かえって徒《あだ》になってしまうことがあります。そんなとき、つい、「せっかくおまえのことを心配して、親なりに努力しているのに……」とグチをこぼしたくなります。援助を理解してもらえない苛立ちをおぼえる瞬間ですね。

でも、これは援助を拒んでいるわけではなく、ふれてほしくない、いまはそっとしておいてほしい、という援助される側の意思表示と理解することで、腑に落ちます。

もしかしたら、相手の状況も考えずに、のべつ幕なしに質問をしていませんか。

これは質問される側にとっては〝詰問〟となります。ずけずけと心のなかに土足で入り込まれるような気持ちがするものです。だからといって、親の側からすると、無言で見守ることにも強い抵抗をおぼえるでしょう。

質問することは、相手との関わりをとるうえで、とても重要なことです。ですから、質問してもいいのです。問いかけていいのです。ただ、質問するにしても、間をとりながら、相手の気持ちを察しながら行なうことが大切です。

ポイントは、子どもが話しずらそうなときは、質問の答えが「はい・いいえ」ですむようなものにすることです。これを「閉ざされた質問」といいます。たとえば、「晩ご飯、食べるよね」という具合です。子どもは、イエス・ノーで返事をすることができます。そのあとで、子どもが言いたりなさそうならば、「おかず、何にする」という具合に質問します。でも、すぐに次の質問に移るのではなく、間をとることが大切です。答えをせかしては、子どもはあせるばかりです。

　心を開くためにも、ある程度の時間、間が必要です。間というのは「どうしようかなぁ」「どうしたらいいのかなぁ」という考える時間でもあり、「そうだよなぁ」と納得する時間でもあります。ふれてほしくないことを話題にしなくてはならないときは、とくに、この間に気をつけたいものです。

ちょっと一工夫　ハイ、イイエで答えられる質問から問いかけてみましょう

エピソード12　子どもの主体性に〝おまかせ〟していませんか？

「まず、自分で考えてごらん」って言うけど、僕はそのたびに、立ち止まって迷ってしまうんだよね。

「どの子どもにも主体性、創造性が宿っている。だから、まず自分で考えてみることが必要」

と考えている親御さんは多いと思います。たしかに、子どもの主体性、創造性を重んじるのは大切なことです。でも、子どもとコミュニケーションを深めるなかで、親は、子どもの多様性を見極め、子どもが気がついていない部分に気づきをうながしていく必要もあります。つまり、親のひと言で、子どもが「そういう考え方、見方もあるんだね」と納得できる部分をうながしていくのです。

子どもの主体性を重んじるあまり、極力口をはさまないようにしている親もいます。でも大切なのは、子どもの気づきなのです。もっと平たい言葉で言えば、子どもの行動や考えに〝意味づけ〟を与えるのが親の役目でもあるのです。

子ども同士のケンカやいざこざ、あるいは子どもなりの悩みといったテーマに対して、「自分で、その意味を考えてごらん」と突き放すのではなくて、考えやすいようにヒントを与えたり、あるいは、「思わず、大きな声を出してしまったんだね」といった具合に、問題の核心部分を明確にし、心を整理してあげることが大切です。これをカウンセリング用語で「フォーカシング」（焦点づけ）といいます。

フォーカシングするためには、相手の話に腰をすえて、大目に見る視点で聞く必要があります。相手の話に飲み込まれず、また自分の意見を押し通すことなく、ここぞというときに、気づきをうながす質問をする必要があります。たとえ正論であっても、その結論を相手に押しつけてはいけません。あくまでも気づきをうながすことが必要なのです。

「まず、自分で考えてごらん」と、子どもに言っておきながら、そのあとのフォローをきちんとしないと、無責任ということになりかねません。子どもなりに考えても結論がでなかったら、親は気づきをうながすための質問をする必要があります。そのためには、子どもの話を真剣に聞いておかなくてはなりません。

親自身が考えることをやめて、「子どもの主体性」に任せてしまって、手抜きをしてしまうのは、子どもの主体性にちょっと依存していることでもあるのです。

ちょっと一工夫　**〝あたり前〟なことに、あらためて確認をいれるような質問をしてみましょう**

エピソード13 具体的にほめていますか？

おおざっぱな言い方だと、ほんとうかナァと思っちゃウンだよね。

ほめることは、子育ての基本ですね。叱るよりもほめる。長所を認めてあげれば、才能や能力は伸びます。

さきほどのフォーカシングのところでもお話ししましたが、相手をほめるにしても、単にほめるのではなく、気づきをうながすほめ方であることが大切です。「いい子、いい子」と頭をなでるだけのほめ方になっていないかどうか、もう一度確認したいものです。

信頼関係を維持し、深めていくためには、気づき合う関係が望ましいと思います。お互いがコミュニケーションのなかで刺激を受け、知らない自分を発見できる関係は、互いに関心を寄せ合うことで成り立つものです。一方だけが関心を寄せ、他方はどうでもいいのなら、発見もなにもありません。わたしは「学び合う関係」といっています。「わたしはあなたから○○ということを学びました」と言って、互いに肯定していく関係です。

具体的にほめる、というのは、「おまえのことに関心を寄せているよ」というメッセージでもあります。

「おまえの話を聞いて、気軽にお年寄りに声をかけていくことがすばらしいな、と思ったよ」
「お父さん、細かいところまで気を配って見ている、おまえに優しさを学んだよ」
と具体的にほめてあげる（見てあげることでもあります）と、
「そうかなぁ。ぜんぜん、そんなこと気にしていなかった」
と、子どもは、親を「気づかせた」ことに喜びを感じます。役に立てたんだね、という満足感を得ることができます。

気づいたことを、素直に相手に伝え返すことを「フィードバック」といいます。

でも、このフィードバックは気持ちをストレートに語るわけですので、ときとして予期せぬような反応が相手から返ってくることもあります。ですから、フィードバックは嫌みなく相手を立て、具体的に「あの部分が」という感じで、相手を勇気づけるためにしなくてはなりません。

具体的に「〜がよかった」と言われると、具体的に見ていてくれている気がするものなのです。

言うまでもないことですが、否定的なフィードバックは、慎まなくてはいけません。

ちょっと一工夫 **照れ隠しでほめると嫌みに聞こえてしまいがちです。そんなときこそ具体的に事実だけをほめましょう**

エピソード14

わたしにまかせなさい、と言えますか？

ときどき、親に責任を全部あずけて楽したいなぁ、と思うことがあるんです。

よく見れば　なずな花さく　垣根かな

芭蕉

わたしの好きな句です。なずなは田舎の道ばたなどに、ひっそりと、小さな花を咲かせている植物です。心をとめて見ることでもなければ、気づくことなく通りすぎてしまうものです。しかし、しっかり焦点づけしていくとき、その趣、持ち味に気づき、かけがえのないない存在に思えてきます。

ムダに咲いてはいないのです。それがあるから全体が際立ったり、また、引き締まったりもします。子どももおなじで、その思いを素直な気持ちで親が子どもにフィードバックするとき、子どもはもう〝ひと花〟咲かせようと意欲を起こすのです。だからフィードバックは相手を生かすためにもするもので、否定するものではありません。

ところがフィードバックしようにも相手にそれを受けとめるだけの余裕がまったく見あたらないときがあります。その多くは問題解決能力を失い彷徨《ほうこう》しているときです。そのような場合は気持ちを聴く（リスニング）ことも大切ですが、むしろ「とりあえず、この考えでやってみなさい」とか「わたしの指示にまかせなさい」と力強くアドバイスする方法もあるのです。

選択肢を決めてもらえたことでの安堵感、また決めつけられたことへの反発心から自分と対峙する場合も起こり得ます。

「アドバイスを信じて、努力してみましたが……」

という〝言い訳〟を相手に与えることで、混乱を鎮める可能性が出てくることもあります。また方向性が定まることで「それだけで十分なのか」といった疑問が出て、自分自身の解決能力を刺激することにもなります。さらにアドバイスそのものが、関わりの〝証〟になることがあるのです。

雨風を受けて、ヘトヘトになってしまった子どもに、「あとは、お父さん（あるいはお母さん）にまかせて、あんたはゆっくり休みなさい」と言ってあげられる親になりたいものです。

一工夫《ちょっと》　混乱には〝アドバイス〟でひとまず手がかりをつけましょう

エピソード15　ケンカすることを恐れていませんか？

反論もしてくれない。ケンカもしてくれない。あきらめているんですかね。

コミュニケーションを深めようとすればするほど、相手の心に接近していくことになります。つまり「機嫌を損《そこ》ねる危険性」が増していくことになります。

「一度もケンカしたことのない親子です」

と胸を張る母親がいる一方で、

「わが家は、いつも親子ゲンカが絶えません」

と笑いとばす母親もいます。ああしろ、こうしろ、と親が命令調で子に接すると、子どもは反発しますから、どうしてもケンカということになります。

でも、親が子に命令調に接するのは、遠慮していないということです。

そして、子がそれにストレートに反発するのも、遠慮していない証拠です。遠慮しない関係だから、平気でケンカできるんですね。言いかえると、「対立を恐れない関係」だといえます。

いつのころからか、「ケンカは悪」という認識が強まりました。他人同士のケンカは悪に決まっていますが、でも家族同士のケンカは、どこかに「親しみの現れ」があります。

「一度もケンカをしたことのない親子」は、もしかしたら「一度もケンカをすることのできない親子」なのかもしれません。対立を恐れ、ケンカを避けてきたのです。相手の心にケンカするほど接近することに、遠慮してきたのです。

でも、子どもが迷いさまよっているときは、親はケンカしてでも子の心に接近する必要があります。対立してでも関わらなくてはいけないときがあるのです。親は子とケンカしてもいいのです。子は親とケンカしてもいいのです。親子ゲンカ、おおいに結構。親は子の関わりを切れないから、ケンカしてでも接近します。それは子どももおなじです。だから、ケンカしてもいいのです。そして子は、「助けてくれ！」のメッセージのかわりに「対決」という形で親にケンカをふっかけてくることもあるのです。

親子関係は、対立を恐れてはいけないと思うのです。

一工夫《ちょっと》 **せめて一日一回、傷つくリスクを背負って引き際を心得た〝対決〟をしてみましょう**

エピソード16 納得できなくてもうなずけますか？

こんな俺でも、うなずいてくれたよな、担任は。

チャパツで、鼻にピアス。そして、ネールアート……。学校もろくに行かずに、ロック漬けの男の子がいました。

両親はそんなわが子を受け入れることができず、対立は深まるばかりです。息子は息子なりの主張をし、親は親なりの主張を繰り返す。どこまでいっても平行線で、結論はでません。両者、引くに引けず、さりとて痛み分けというわけにもいかない状況です。でも、どこかで折り合いをつける必要がありました。

両者の言い分はもっともですが、両者ともに、言動に矛盾があり、それでも関係が保てるのは、やはり親子だからだと思いました。

両者のあいだに立って、軍配役となってしまったカウンセラーのわたしにとって、両者の言い分の矛盾や不一致を明確にして、しかも肯定的なフィードバックをするということは、容易なことではありませんでした。そして互いの気持ちを察すれば、どちらかに軍配をあげるわけにもいかなくなってしまいました。

男の子の話を聞いていると、

「どうせ、俺のことなんか、わかってくれないと思うよ。でもね、これが俺なんだよ」との強い思いが伝わってきます。納得できないことでも「なるほど、そんな気持ちってあるよな」とうなずいてしまうことはあるものです。

そんな男の子が、面接室でこう言ったのです。

「先生、こんなヤンキーな俺にでも担任が『明日また来いよ。今週もあと一日、よく通ったよな』と言ってくれたんだ。担任の励ましには、支えられたよ」

男の子の『こんなヤンキーな俺にでも』というところに、この子の気持ちがにじみ出ています。ちゃんと、自分がまわりからどう見られているかわかっているのです。でも、そうするしかない自分をわかってほしいと、強く願っているのです。

矛盾や不一致な点と対立、対決しながらも、その葛藤するプロセスに支持的関わりをわたしたちは心がけているでしょうか。子どもにとっては「この人は気持ちだけはわかってくれている」「心では味方になってくれている」という実感です。

四角四面の気持ちでは、納得できないかぎりはうなずくことなどできないでしょう。でも、ときに、納得できなくても、「そうするしかない気持ち」を察して、その気持ちに対してうなずいてほしいのです。善し悪しのみで、あるいは見た目だけで判断するのではなく、気持ちを見てほしいのです。

気持ちを見られて、うなずいてもらえることで、揺れ動く気持ちが落ちついてくるのです。

つまり、人はささくれた気持ちになったとき、納得を求めてはいないのです。ある男の子の言葉を思い出します。

「俺が親の立場だったら、俺みたいな子どもの言うことを納得できるわけがない。ただ聞いて、うなずいて聞き流してほしかったんです」と。

事実にとらわれないで、せめて気持ちにはうなずいてあげたいものです。

一工夫《ちょっと》　**心細さをみたとき、せめて〝心の支持者〟としてうなずきに心がけてみましょう**

エピソード17 やりきれなさに耐えられますか？

正しいから何を言ってもいいってもんじゃないだろう。

初めて相談室を訪れたにもかかわらず、のっけから、ものすごく挑戦的な言動でせまってくる子どもがいます。攻撃的で、ハリネズミみたいに、全身から棘が突き出ているかのようです。でも、それはしょうがないのです。

何か所も相談室を訪ね歩き、相談を受けたのに、最初は優しくされても結局、最後はいつも「うちではどうしようもありません」と、冷たくたらい回しされつづけてきたのです。そして重い腰をあげてあらためて着いたのがわたしの相談室なのです。

どうせいつものようにたらい回しされるのなら、最初から「いい顔」なんか見せる必要はない、とこの子なりの〝試し〟の知恵なのです。心の傷の深さが人への不信となり、優しくされると怖くなるのです。だから、最初から「優しくされないように」と、心が拒否的になってそれが言動に現れるのです。切ないですね。

人はやりきれなさを背負って生きています。誰を責めることもできず、責めることでかえって自分自身がみじめになったり、あるいは追いつめられてしまうこともあります。ただ、現実をありのままに受け入れるしか、ほかに方法がないときもあります。まさしく、巡りあわせの不幸ののろい、〝因果〟の不運を味わうしかない現実もあります。

よかれと思ってやったことが誤解を生み、かえって結果的に悪くなってしまうこともあります。そう言います。そんなとき、無関係な人は「そういうことをするから、こういう結果になったんだ」と言います。すでに結果がわかっているから、何とでも言えます。でも、そこに至るやむにやまれぬ経緯は当事者でないとわかりません。

子育てに失敗したといって相談室を訪れる家族。

「犬や猫をつくるつもりで、子どもをこしらえたのか」

と子どもは親を問いつめます。つらい現実に必死で耐えている子にしてみれば、そうやって親を責めるしか、抱えた苦しみから逃れる術はないのです。そして、親も子からの責めを、ただただ聞くしかないのです。これが現実なのです。うつむき、うなずくしかないのです。やりきれなさの前では、「正しいこと」は無力です。

葛藤し、苦しむその姿に心を寄せ、拒否的発言が人を信じようとする〝捨て身〟のメッセージであると受けとめていくとき、抵抗するわたしの心と〝和解〟しないわけにはいかなくなるのです。拒否されても関わりつづけるそのやりきれなさに耐えるのは、とてもつらいことです。でも、ときには耐えるしか道が拓《ひら》けないこともあるのです。

一工夫《ちょっと》 **抵抗する自分の心と向きあうことで、やりきれなさをいたわりに変えていきましょう**

エピソード18 話すことより、聴くことに心がけていますか？

「黙って、最後までお父さんの言うことを聞け」ってお父さん言ってたよね。そっくりそのまま、その言葉を返すよ。「黙って、最後まで僕の言うことを聞いて」って。

コミュニケーションの基本は、話すことと聞くことです。どちらも重要なことですが、相手の気持ちをわかろうとするならば、当然「聞くこと」が重要ですね。聞かないことにはわかりません。でも、相手の気持ちのなかに、ちょっとでも自分を非難したり攻撃するような内容が含まれていると、とたんに「そんなことはない」とか「言わなくたってわかってる」と、話を途中で切ってしまいがちです。相手の話を最後まで聞く、というのは意外とむずかしいものです。

悩みの渦中にある子どもの話は、まとまりがなく、ときには攻撃的で、親に責任を転嫁したりします。聞いているほうはイライラすることが多いものです。ですから、親はついつい、「それで、結局何が言いたいの？」とか「おまえの話の意味がわからん」と、どうしても否定的にとらえ、しかも話を途中で打ち切ってしまいがちです。

親が、子の話しを苦痛に感じてしまうのは、「事実関係」に意識があつまりすぎるからだと思います。理屈で話を理解しようとしているのです。ですから、つじつまがあわないことの苛立ち、結論がわかっているのにそうしないわが子に苛立つのです。

でも、大切なのは何度も言うように、「気持ちを聴くこと」なのです。子どもの不安な気持ちをくみ取って肯定してあげることが大切なのです。

子どもは、話に乗せて、弱音やグチを含めた気持ちを語ります。そして全部聞いてもらい、親からうなずいてもらうことで、スッキリするものです。カウンセリングでこれを「カタルシス」（浄化）といいます。しず（静・鎮める）められた心ということですが、これは、意見されることなく、ひとまず一区切りつくまで話を聞いてもらい、うなずいてもらったという満足感から生まれます。信頼関係の手がかりであり、アドバイス、励まし、指導はずっとこの後です。せっかく話しても、途中で、「それは違うんじゃないか」とか「ここは、こうすべきだったね」などと意見されると、気持ちはスッキリしません。

そしてすでに述べたように、話しやすい聞き方とは、うなずきや相づちをともなう聞き方です。親は、話すことより聞くことが大切です。鎮められた心は肯定的な気づきを起こし、対立さえも相手の優しさに思えてくるものです。「生かされている自分」という実感を得られるのがカタルシス効果なのです。十分に聴いてあげてから、親としての話を始めましょう。

ちょっと一工夫

「聞いてもらってスッキリした」と言ってもらえる聞き方に努力しましょう

エピソード19　家族のいざこざから目をそらしていませんか？

お父さんは、いつも肝心なときに逃げていた。

相談室を訪れた青年が、父親に向かって言った言葉です。ものわかりのいい父親ですが、母子が家庭でケンカを始めると、仲裁することもなく、「俺、ちょっとタバコ買ってくるよ」といって、家を出ていってしまったそうです。この話はかつてよく出てきたものですが、最近はケンカする前にそれぞれが個室に入ってしまうためか減りましたね。それはそれとして、ころ合いを見計らって父親は帰ってきます。もうそのころはケンカもおさまっています。でも、母子にしてみれば、「何とか言ってよ」という気持ちでいっぱいでした。

おなじ屋根の下で暮らす家族なのに、平気でケンカのときに逃げてしまう父親に、何となく〝他人行儀〟を感じてしまうのです。ひとり高見の見物を決め込んでいるのが、父親だったのです。家族であっても家族でない……そんな関係になっていってしまったのです。

互いがにっちもさっちもいかない対立状態にあり、当事者が解決能力を見失っているときに、歌舞伎ではありませんが、

「ちょっと、お待ちなせい。そのケンカ、俺にあずからしてくれないかい」

と〝親分〟よろしく割って入ることを、危機介入といいます。介入されたことで、当事者

は〝間〟を得ることができ、自分たちの状況をふり返ることができます。そして、状況によっては和解という道もひらけます。一呼吸おくことで誤解が解けることもあります。

危機介入はお節介でもあるのですが、でも、思いやりがないと危機介入はできません。

夫婦喧嘩に子が泣きながら割って入るのも、危機介入です。両親が心配だからこそ、「ケンカしないで！」と訴えるのです。ましてや、母子のケンカに父親がいつもしらんぷりでは困ります。毎度毎度、危機介入する必要はないかもしれませんが、逃げ出したり、無視してしまうのは「思いやりがない」と、家族から判断されます。

先ほども言いましたが、家族だからケンカしてもいいのです。家族だからこそできるケンカもあるのです。家族だから仲直りできるのです。逃げてばかりいてはいけません。

それにしても、わたしはこの父親の幼年期の体験がどんなものであったのか、とても気になります。家族同士のケンカなのに、ひどくおびえ、恐れているように思えるからです。ほんとうは逃げたくないのかもしれません。でも、その場にいると、口よりも手が先に出てしまう自分を恐れているのかもしれません。あるいは、どう仲裁していいのか、仲裁したら、逆に母子から責められることを心配しているのか、それともケンカの遠因が自分にあるからかもしれません。父親には父親の、母子には言えない事情があるのだと思います。

ちょっと一工夫 **いざというときの危機介入にためらいが起こる人は、日ごろから家族の人と人とのつなぎ役につとめましょう**

エピソード20 言い足りない言葉を補足してあげていますか？

つまり……という言葉。僕は嫌いです。

かゆいところに手が届く、という言葉がありますよね。自分では届かないけれど、「そこ」をかいてほしい。かいてもらえれば、どんなに気持ちがいいことか……。

人はなんでも思っていることを正確に自己表現することはむずかしいものです。子どもにとっては、語彙《ごい》がまだまだ少なく、適切な表現を見つけだすことはさらに困難です。ですから、子どもの気持ちを聴こうとする場合は、言葉の意味も大切ですが、そこに含まれている「言いたい気持ち」を察していくことがさらに重要です。

先の「つまり……」の言葉は、面接に訪れた中学生の言葉です。彼は学校で、先生からいつもこんなふうに言われたといいます。

「間違っていたら、先生、直すから、教えてくれないか。つまり、それはどんな意味なんだ。君は何を言いたいんだね」

下手に出ているようでいて、実は、高所から圧力をかけてくる言い回しです。慇懃《いんぎん》な言い方ともいえます。こんなふうな言い方をされたら、この中学生でなくても、言いたいことが言えなくなってしまいます。「言いたいことがあったら、はっきり言え」と、開き直られた形の言い回しなのです。

言い足りないこと、言いつくせないことはたくさんあります。だからこそ、その言いつくせぬ思いを、足りない言葉から察し、量り聴くことが大切なのですね。

言葉のみで気持ちを聴いてもらえずに育った子どもに、「思いやりの心を」と、いくら教育キャンペーンをはっても、それは酷というものです。思いやりの心、気持ちは、言いつくせない言葉の裏側にある心を察することでもあります。それは、言いつくせなかったとしても、気持ちを聴いてもらえたという体験から生まれるものだと思います。

無言のなかに、相手の気持ちを察することができるようになれば、達人でしょうが、でもわたしたちは、相手の表情や言葉、行動などさまざまなことから、相手の気持ちを察することができます。相手に関心を寄せれば、それは可能です。思いやり、というのは、言葉では表現できなかった気持ちを察して、その感情を「つらかったんだね」と明確化してフィードバックしてあげることです。

かゆいところに手が届くと、「ああ、気持ちがいい」と、相手の思いやりを実感します。

これは知識中心のマニュアルや教科書には書いてありません。

相手を思いやる気持ちから、わき出てくるもの、それが思いやりだと思います。だから「思いやり」の「やり」は「遣り水」なんですね。かける努力をしないといけませんね。

ちょっと一工夫 **言葉に込められた気持ち、感情をくくって支持するように返してあげましょう**

エピソード21 意味づけをうながす質問をしていますか？

「何のために引きこもっているんだ」と親から質問してほしかった。

他人から見たら、学校にも行かず、家にこもっているだけの、でたらめで、いい加減で滅茶苦茶の子どもかもしれません。親にも兄弟にも先生にも迷惑をかけ、将来も不安がいっぱいのどうしようもない子どもかもしれません。あるいは、堅物で融通がきかず、味も素っ気もない子どもかもしれません。

でも、それであったからこそ、本人はきょうまで生きのびてこられたのです。それは道徳や倫理観だけで説明できるようなものではありません。「わたしがわたしになるため」に辿《たど》る道だったのです。要領が悪いとまわりから言われようが、戸惑いながら歩むのが「わたしがわたしになるために」必要だったのです。

先のセリフは、中学三年生の男の子の、相談室でのひと言です。不登校から引きこもりとなり、心配した母親といっしょに、相談室を訪れました。不登校も、引きこもりも、彼は彼なりの理由があり、一生懸命だったのです。その理由をなかなかわかってもらえず、ますます人間関係が疎遠になっていきました。

ときどき、不登校の子どもに対して「待つだけでいいのか」という意見が出ます。不登校からそのまま無就労へと移行していく子どもが目立つようになるにつれ、「待つことは無意味なのではないか」というわけです。

ほんとうにそうなのでしょうか。それは「ムダな時間」だったのでしょうか。生きていることに「ムダ」などあるわけがないのです。

わたしは、その子には「待つ」時間がとても大切であるような気がします。自分という存在を見つめる時間であるような気がするのです。そしてなによりもそのときを選択しているのは本人なのです。ただ他者と関わることなく独りで自己と向きあっていることは、よほどの精神力がないかぎり孤独と閉塞感にさいなまされてしまう危険があります。だから第三者とのコミュニケーションだけでもとれていれば「待つ」ことが大切です。

一口に不登校といっても、一人ひとりで事情が異なります。イジメから身を守る子もいれば、学校という空間を見かぎっている子もいます。そして各々が自分の人生のなかで、そのことの意味づけをしているのではないでしょうか。

「おまえにとって、不登校することは、どんな意味を持っているんだい?」

たまには、こんな厳しい問いかけをしてみてはいかがでしょうか。子どもは子どもなりに、抵抗するには理由があるはずです。その理由を再認識させることで、存在の意義を見つめることになるような気がします。

「学校に行きなさい」「部屋から出なさい」「友だちと仲良くしなさい」と、子どもを急かすことよりも、「何か理由があるんだね」と、子どもなりの行動の意味づけに耳を傾けることが大切だと思います。

「親に励まされて育った」という感覚はそんなとき獲得されているのかもしれませんね。

一工夫《ちょっと》　**たまには〝はれもの〟にさわる勇気をだして、ことの真意と向きあいましょう**

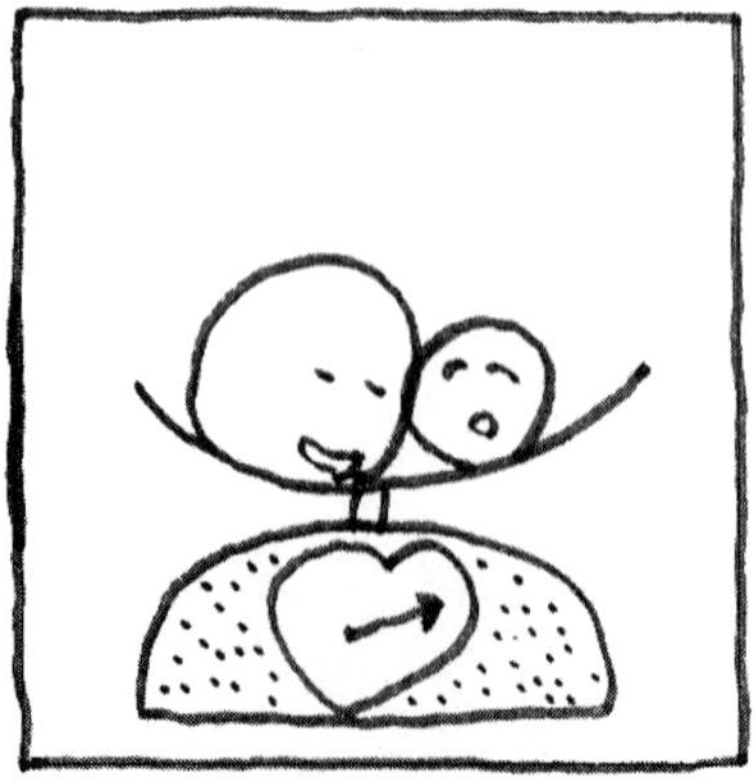

エピソード22 親の背中を見せていますか？

親に信じてもらえなかった僕が、どうして他人を信じることができるんですか。

相談室を訪れる子どものなかには、わたしの書いた本を大切にカバーでくるみ、何か所にもメモ用紙をはさんで持ってくる子がいます。

そして、そんな子どもの多くはていねいにページをめくって、こんな聞き方をしてきます。

「ここに書いてあるA君は、とっても僕と似ているんですが、いま、A君はどうしていますか」

「わたしの父親も、ここに載っている父親とそっくりなんです」

「先生も小さいころ、つらいことがあったみたいですが、どうしていま人の相談にのれるまで、元気になったんですか。教えてください」

わたしたちは、自信を失いつつあるとき、誰かをモデルにして、もう一度復活したいと願います。それは、信じる相手を見つけ、孤独から解放されたい、人と人との交わりにもう一度浸りたいという深い思いでもあります。

信じる相手を見つけると、その相手の行動様式を真似たりして、安心感を得ようとします。アイドルとおなじ格好をしたがるのは、同世代からはぐれていない、といった安心感を求めるからだと思います。

「あの人のようになりたい」

「あの人の考え方が好き」

それが「あの人に似た格好」につながっていきます。そして、心が深くさまよっているときに出会う「あの人」は人生のモデルとなり、救世主ともなります。

わたしもいろいろと悩んだとき、いま生きていれば百歳になる父親を思い出し「親父《おやじ》ならどうするかな」と考えたり、自信喪失の場面では「あの先生ならどんなふうに振る舞うかな」とあれこれ思いをめぐらしていきます。

すべてモデルと思い出せるありがたさであり、やはり関わりがあったから、心にその人が宿っているのですね。ただ、絶対の信頼を寄せてしまうと、救世主の言葉に盲目的についていくことになります。これでは自分自身を見失ってしまうこともあります。

「子どもは親の背中を見て育つ」と言われます。

この場合の「背中」とはモデルということで、働く姿だけを指すのではないと思います。生き方、そして悲しみや怒り、喜びをも含むものだと思います。

不安を抱え、道に迷うと、誰かにすがり、アドバイスを受けたくなります。これは自然なことです。そんなとき、子どもは、ふと両親や身近なモデルの背中を見るのです。そこに、きっとヒントが隠されていると思って、見るのだと思います。

「迷って父親に相談したら『もっと人を信じろ』と父親は言うのです。でも、僕は父親から信じてもらったことはありません。だから、父親からそんなふうに言われても、他人を信じることなどできません」

相談室を訪れた少年の言葉が印象的です。

心に宿るだけ父親と絡み合っていないのかもしれませんね。そしてモデルとは反面教師も含めてのものです。

ちょっと一工夫

なにげない日常の一コマで自分の悲喜こもごもを語る努力を始めましょう

エピソード23 子どもの自己主張を小出しに認めてあげていますか？

親に悪態をつくことで、ようやく「いい子」から卒業できそうです。

いわゆる「いい子」は、親や先生に抑圧されている場合もありますが、「いい子」でいるほうが〝楽〟と思っている子も大勢います。そのような子は、人一倍、嫌われたり拒絶されることにおびえているものです。だから、友だちの前でも「いい子」を演じ、相手の主張に合わせるようにします。つまり、見た目は自分を譲っておとなしくしているわけですが、意外に内面は頑固だったりします。融通がきかないときもあります。

一方、本人には「耐える努力」ともいえるわけで、その努力がいつも報われるともかぎりません。せっかく自分の主張を飲み込んで、相手に合わせたのに否定されることもあります。

喜怒哀楽の自然な感情が出せないと、人は心に葛藤を抱えやすくなるものです。ケンカしてでも自己主張するのは、かなりのエネルギーが必要で、相手の言うことを素直に聞き流しているほうが、はるかに〝楽〟です。ですから、端から見ると「いい子」は、奥ゆかしくて、遠慮深いとほめられたりします。でも、実は本人は「人間関係が億劫になっているだけ」と、どこかで割り切ることもあります。別な表現をすると「あきらめている」となります。

対立することに恐くなってくると、自己主張能力はますます低下していきます。

そのような子どもは、心の内の感情をどのように表現してよいのか、わからなくなってきます。ですから、ひとたび感情を表出する機会を得ると、周囲が驚くほど激しいものになることがあります。これまで抑圧されていた腹に据えかねた感情を、一気に吐き出そうとするからです。ときには言葉だけでは納まりきらず、思わぬ〝暴力〟といった形になることもあります。

「いい子」ほど感情抑制がきかなくなると、感情の〝露出〟になりがちです。

友だちや先生に悪態をつけない子は、自然の成り行きとして親に当たります。最初は、小出しに当たります。プイッとふくれっ面をしたり、乱暴な言葉を投げつけます。そんなとき、それまで「いい子」だったわが子の変貌に、親は驚きます。そして思わず、強圧的にそれを否定しがちです。

それでも子どもがなおも親に食ってかかるのならいいのですが、黙ってしまう子は、ますます心の内に激しい感情をため込むことになります。

子どもが親に悪態をつくのは、自己主張のひとつです。抑えきれない感情を、小出しにしているのです。

ですから、親は「そんなふうに言いたくなってしまう子どもの気持ち」に寄り添ってほしいと思うのです。
喜怒哀楽は人間の自然な感情です。それを上手に出すための練習が、子が親へ向かって発する〝悪態〟だと考えれば、親の対応も自《おの》ずから、否定から受容へと変化すると思います。子どもの自己主張のスキルアップは、親の対応のしかたいかんにかかっていると思います。

このところ「アサーション（自己主張）トレーニング」が、企業の職員研修から学校現場にまで広がっていますが、それも相手を尊重した感情表出を学ぶものです。

こうして訓練していかなければならないという現実が、ほんとうに切ないですね。自分に合った自己主張のしかたを日常生活のなかで身につけていけたらいいですね。

一工夫《ちょっと》　**子どもの弱音は自己表現のひとつとして避けることなく聴きましょう**

エピソード24

達成感を子どもに与えていますか？

ほめてもらえない目標設定ほどむなしいものはありませんね。

人は自分で設定した目標を達成できないと、落ち込むものです。努力は必ず報われるとはかぎりません。一生懸命に頑張ったけれども、目標に届かないことのほうが多いのではないでしょうか。目標設定が高ければ高いほど、そのような事態に陥ります。

目標をいつまでも達成できないと、やがては自己否定的な感情が、湧いてきます。周囲の目も気になります。みじめで、ダメな自分だと思いこみます。そんなとき、

「そのままの、おまえでいいんだよ」

と肯定されたらどんなに気持ちが楽になるでしょう。

失敗つづきのわが子に、

「それくらいのこともできないのか」

と親が子の努力を否定してしまっては、ますます子どもは落ち込みます。でも、だからといって、おなじことを何度も気のないほめ方で持ち上げられたり、あきらめ気味の「しょうがないよ」という励ましでは、かえってつらさが増すものです。

大切なのは、自他とも認められる達成感だと思います。もし、目標設定が高すぎるようならば、もう少しレベルを下げて設定し、そこから始めるようにします。

その子のできる範囲から押し上げ、肯定していくことで、子どもは自信をつけ、自己肯定感を獲得していきます。

自信を失ったり、目標設定に達しなかったとき、気持ちは落ち込んでいても、それに反発するかのように本人のプライドは高くなり、かえって目標設定を高くしがちです。そして、いろいろな言い訳を用意します。言い訳すればするほど、惨めになっていくのがわかっていても、そうせざるを得ない気持ちになっていくものです。

子どもを見守る親としては、達成感をこまめに得られるように目標を設定してあげたいものです。やれそうもないことを無理してさがし出すより、やれそうなことをほめながら、側面的に援助することが大切だと思います。

ある少年がうれしそうにわたしにこう言いました。

「うちの先生は、なんでもほめてくれるんです。勉強ができなければ、『できないおまえだから気づけたことがあるんだよ』と言い、運動が嫌いだと言えば、『嫌いになるおまえだから気づけたことがあるだろう』って。先生が言うとみんなよくなっちゃうんだよね」と。

少年はほめられては悲しさや、つらさに一息ついているのです。

カウンセリングでは、その子の気づきも含めて、いまできたことをしっかり形にして肯定感のある子に〝シェイプアップ〟していく努力をします。

あなたはどんな声かけで子どもの心をシェイプアップして肯定していますか。

一工夫《ちょっと》 **結果にとらわれずに、そこから何かを学んだ、という気づきのメッセージを伝えていきましょう**

エピソード25 平気で他人任せにしていませんか？

ここがダメなら、あそこがあるって、簡単に言わないでほしい。

楽しい思い出もみつけ出せないまま〝荒れた中三〟をすごしているA君は、茶髪にピアスという出で立ちです。中学三年生がそんな格好をしてゆるされるはずもないのですが、先生は注意してくれません。

「おれ、あきらめられているから」

とわたしの相談室で力なくつぶやきます。クラスメートらの進路の話が聞こえてくると、ひとり教室を出て、その日は戻ってきません。A君自身、教室を出てみても、どこで時間をつぶしたらいいのか見当もつきません。〝悪い友だち〟とつるむこともできましたが、「それまでするほど、人が恋しくはない」と〝粋〟なセリフを吐いています。

A君が荒れたのは、ささいなことがきっかけでした。体調が悪くて部活を休んだところ、担任から「おまえ、見かけ倒しだな」と言われてしまったのです。むろん担任は励ましのつもりだったのですが、そのときのA君は「ヘラヘラ笑って聞き流せるほどの余裕はなかった」といいます。それ以降、「手のつけられない生徒」となってしまったA君は、担任から保健室を〝紹介〟され、そこが登校する場となりました。

担任は彼に「反省したらいつでも歓迎してやる」と言いましたが、決して保健室に迎えに来ることはありませんでした。

A君は反省する気はありませんでしたが、おとなしくしていれば教室にいることはできました。でも、孤立感を抑えることができず、担任を挑発するようになりました。

すると今度は担任から「おまえにぴったりなカウンセリングをしてくれるところがある」と言いながら、わたしの本を差し出したのです。

ここで紹介したのは、担任とA君の話ですが、おなじようなやりとりは親子のあいだでも、わたしたちのところでもあります。

いろいろな相談所を巡り、医療機関を訪ね、どこかわが子を「治して」くれるところはないかと、親はさまよいます。親の一生懸命さがそうさせるのですが、でも一歩間違えると、それは「たらい回し」にされていると、子どもには感じます。

悩んでいるのは子ども、それを治すのはカウンセラー、親は最適の相談所、医療機関を見つけるのが役目——と割り切ってほしくないのです。親子は切れない縁でむすばれています。いくらいろいろな相談・治療機関を〝たらい回し〟にされても、子どもは必ず親のもとへ戻って、その真意をたずねてくるのです。

ちょっと一工夫 **見捨てられ感を与えない人や相談機関との〝連携〟に努力しましょう**

エピソード26 対等な目で子どもを見ていますか？

いつまでも見下したような目で、僕のことを見ないでほしい。

人とは勝手なもので、困った子どもでも自分の手の内でなんとか対応できるあいだは、かわいくもありふびんにも思えます。ところが手に余るようになると、うっとうしい存在になってしまい、誰かに面倒を見てもらいたいと願いたくなります。カウンセラーや相談機関に行ってはどうか、と子どもに誘い水をかけることもあります。

子どもは「勝手にあこがれ、勝手に失望し、親って勝手だな」と敏感に感じます。ですから、親は子ども心に芽生えた見捨てられ感を解消できるように、可能なかぎりつながっている努力を語る必要があります。先ほども言いましたが、最後に戻ってくるのは親のもとです。教師やカウンセラーは親にはなれません。

大切なことは、どんなことがあっても親子だよ、という〝安心〟のメッセージを子どもに伝えることです。そして、相談機関の担当者とまめに連絡を取り合うことだと思います。カウンセラーや相談機関にわが子を〝丸投げ〟して、あとはよろしく、とならないのが親心です。それだけに、カウンセリングを受けて変わりつつあるわが子に一喜一憂することにもなるのです。そして、ようやく親以外の多くの人の助けをうけて、苦しみながらも葛藤を抜け出したわが子の姿に、親はふと安堵します。

親だからできること、他人だからできないこと、親にはできないことがあるのです。そこをわきまえて子育てしていきたいものです。

わたしは、カウンセリングによって行動が変わっていく子に、最初は「○○くん」と呼んでいても、あえて「○○さん」と呼びかえていくことがあります。それは、呼びかえることで、その子が仕切り直しをし、成長したことを応援するためでもあります。

つまり、カウンセラーとクライアントといった関係の〝終結〟なのです。いつまでも子どもの〝日の目〟に自分の満たされない思いを埋め合わせしない戒めともなっています。

子どもは日々変わり成長します。ですから不登校の子が学校に行き始めたとか、引きこもっていた子が台所でみんなといっしょに食事をしたという場面では、子どもは何かしらの決意でのぞんでいるのですから、その成長した姿を黙って認めてあげたいと思います。


「ようやく、もとに戻ったね」

「これで、みんなも安心だ」


などと、「犯人さがし」のような言い方は〝日の目〟を迎えた親の努力の押しつけになるので慎みたいものです。子どもはその言葉に、自分に向けられた同情とあわれみを感じ、惨めな気持ちになるからです。

ちょっと一工夫　**子に支えられて親になっている自分に気づいていきましょう**

エピソード27 相手の気持ちに巻き込まれていませんか？

勝手な思い込みは困るんだよね。そんなつもりじゃなかったのに。

カウンセラーや教師の立場にいると、相談をもちかけてくれた人の気持ちを先回りして受け取ってしまうことがあります。

「先生だけが頼りなんです。何とかおねがいします」

と〝甘え〟られると、ついつい、その甘えを背負いたくなります。あの子にわたしは頼られている、と思うと「一肌脱ごう」という気になります。

ある高校の先生からこんな相談を受けたことがあります。

女生徒から、このように言われたというのです。

「先生から声をかけていただけるなら、先生に甘えることができたら、わたし、学校に行けそうな気がするんです。先生、わたしの〝親〟になってください。先生がわたしのお父さんだったらよかった。先生にこんな言い方をして、つらくないですか」

その教師は、女生徒から信頼されていると思い、同僚からたしなまれたにもかかわらず、「あの子にはわたしが必要なんだ」と思い込み、頻繁に家庭訪問をしました。でも、そのうちにこの先生は、「父親に甘えたい気持ちの〝当て馬〟になっていたんです」と気がつき、激しく落ち込んでしまったというのです。

父親や母親、あるいは自分の家族の誰かに向けるべき感情を他人（この場合は、担任やカウンセラー）に向けてしまうことを、感情転移といいます。

母親に甘えたい気持ちが満たされずに、女性教師に依存する男子生徒、夫への憎しみを男性の担任に攻撃的に向けてくる母親などがその例です。

本人は「依存している」とか当て馬にしているという自覚はありません。満たされぬ思いを「代理人」にぶつけているだけなので、「代理人」がそのことに気がつかないと、思わぬ深みにはまってしまうことになり、引っ張り回されてしまいます。

つまり、相手の気持ちに巻き込まれてしまい、自分の立場や相手の状況に気がつかなくなるのです。

でも、そうは言っても、自分のやるせない思いや感情を一時的であったとしても「代理人」に受けとめてもらえたことで、落ちつけるものです。

当て馬にされてしまった担任のお話をしましたが、不安を抱え、どうにもならない状況に陥った子どもは、その思いを親にぶつけます。先生に言えないグチや不満、あるいは友だちに言うべきことを言えずに、身近な親に当たってしまうことがあります。

そんなときは、ひとまずその気持ちを受けとめてほしいのです。

そして、子どもの気持ちに巻き込まれないで、最後まで話を聞いてあげてほしいと思います。

巻き込まれた心を逆転移といいますが、逆転移すると「勝手な思い込みは困るんだよね。甘えたつもりじゃなかったのに」と、後で子どもに言われたりすることがありますが、こうして互いが転移、逆転移を繰り返していくと、共依存という一筋縄ではほどけない〝なれ合い〟の人間関係を抱えこんだりします。

一工夫《ちょっと》 **なれ合いに気づいたら「あなたはわたしではない、わたしはあなたではない、されど仲良き関係」といった向きあい方を、口にしてみましょう**

エピソード28

子どもの話を、ときには聞き流していますか？

いつも、何で、どうしてと聞いてくるけど、うなずくだけでいいんだよ。

子どものことが心配であればあるほど、子どものひと言ひと言が気になりますね。とくに、深く自分のことを考え、疲れて身動きができなくなってしまったわが子を目の前にすると、何気なく言ったひと言でも、その意味を尋ねたくなります。

「いま、なんて言ったの？　それはどういう意味なの？」

こんなふうに言われると、子どもは戸惑うばかりです。尋ねられることで、言葉の裏側にある自分のやるせない思いや怒り、あるいは脆さといった気持ちと向きあわなくてはならないからです。大人でもそうですが、聞き流してほしいひとときがあるものです。反論されず、吟味されず、ただ聞いてもらうことで、気持ちが落ちつくことがあります。

これはわたしの失敗談なのですが、ご紹介しましょう。

家出や飲酒を繰り返す女子高生に、必死で関わっていたことがあります。相談室に訪れるたびに、それこそ根掘り葉掘り聞き、彼女のひと言ひと言に耳を傾けました。先に説明した逆転移の状態になっていたのですが、そのことにわたし自身まったく気がつきませんでした。熱心に彼女の話を聞いていると、突然、彼女がこう言ったのです。

「先生、そんな聞き方をされると、わたしは困ってしまうんです。わたしを困らせることで、なにか先生にとって〝得〟することがあるんですか。あれは〝夢〟で話したことなんです」

わたしは、自分の未熟さにショックを受けると同時に、彼女に対して悪いことをしたな、と後悔しました。そしてしばらくは女子高生との面接は遠慮したいほど恐くなってしまったのです。

相手のことをもっと知ろうとするあせりが根掘り葉掘りの〝尋問〟になっていたのです。その女子高生はわたしがカウンセラーだからこそ、いろいろ話をしてくれたのであって、そのことをうかつにも気がつかなかったのです。そこで抵抗のメッセージをわたしに投げかけることで、関係の仕切り直しを気づかせてくれたのです。

何でも話してくれたから、何でも聞いていいということにはならないんですね。気になる相手のひと言でも、「ウン、ウン」とさりげなく聞き流すことが必要なこともあるのです。

もちろん、だからといって、いつも「巻き込まれてはいけない」と聞いているだけでは、相手にとって腰くだけの頼りない存在となってしまいます。このほどよい間合いを身につけていくことが「聞き上手」になる道筋かもしれません。

一工夫《ちょっと》 **聞き流してほしいときと、ほしくないときの見分けを身につけていきましょう**

エピソード29 子どもがいま何に夢中か、知っていますか?

親の立場も考えろ、と言うけど、親の立場に関心がないからわからないよ。

ある日電車に乗っていると、小さな子どもの手を引いたお母さんがドアの近くに立ちました。子どもは立って車窓に流れる景色を見ています。そして、小さな手で指さしながら、「ねぇ、あれなぁに。それから、あれはなぁに」と、次々に質問していました。お母さんが答えるたびに、子どもは満足して、お母さんの顔を見て、そしてまた「あれは、なぁに」と質問しました。子どもは指さすものはなんでもいいようで、とにかく自分の質問に答えてくれ、いっしょに指さす方向を見てくれるお母さんに満足している様子でした。乳児にもおなじような指さしがあり、こうした指さし行動を「ジョイントアテンション」(共同注意)といいます。おなじ物を二人で見ているトライアングルの関係です。

共通の関心事をもち、いっしょに喜び、信頼感を獲得していく幼年期の大切な体験がジョイントアテンションですが、こうしたことを通して、甘えること、頼ることの原風景をつくっていきます。そしてこれは何も乳幼児だけにみられるものではありません。人間、何歳になってもトライアングルに安定感を求めます。

小学生も高学年になると、親にいちいち指さしをして、いっしょに興味をもってもらおうとはしませんが、それでも、自分がいま何に関心があるのか、夢中なのかくらいは知ってほしいものです。関心を寄せてほしいのです。どんなゲームにハマッテいるのか、好きな歌手やサッカーチーム、いちばんの友だちは誰かくらいは、親としては知っておきたいものですね。

でも、子どもに手がかからなくなると、親の関心は薄れがちです。親は「忙しくて」と言い訳しますが、親の無関心の積み重ねがつづくと、子どもは「なつけない、甘えられない、頼れない子」になっていくものです。そして、あるとき子どもに向かって、

「ねぇ、A子、こっちに来てよ。ちょっとはお母さんのいうこと聞いてよ。返事くらいしてよ」

と言わざるを得ない悲しい現実と直面することになります。そのとき、あらためてわが子の声なき「わたしに関心を寄せて」のジョイントアテンションに気づけるかが問われてくるのです。

ところで恋人同士もトライアングルの関係をつくっていますよね。

一工夫《ちょっと》 **まずは子どもの好きな色、食べものといった日常的なことに関心を寄せましょう**

エピソード30 否定するわが子の言葉にも、うなずけますか？

お父さんの言うこと、信用できないよ。

わが子から思いもかけないようなきついひと言を浴びせかけられたとき、素直にうなずける親は少ないと思います。

反発し、頭ごなしに「親に向かって、その言い方は何だ」と、叱りつけるかもしれませんね。

一六歳の少年のお話をしましょう。

この少年は中学二年生のときに、自室に引きこもり始めました。父親は教員をしていましたが、学校が忙しく、わが子とはもう半年以上も会話がありませんでした。思い返してみると、次男である少年が生まれて以来、きょうまでの子育ては専業主婦である妻に任せっきりでした。父親は教師としての資質向上をめざして、受けもった子どものことに心を痛めることはあっても、わが子のことで、煩わされたくないとの思いがありました。思わぬ〝紺屋の白袴〟だったのです。

少年は、父親にそのことを追及しました。父親は自分の弱味を突っつかれることに「うっとうしさ」をおぼえました。

父親はわたしの相談室を訪れ、面接を重ねるうちに、拒絶されながらも「遅すぎた子育て」に取り組み始めたのです。

やはり教員であるからでしょうか、わが子とトラブルが起きてもそれが関わりの第一歩だと言い聞かせて、努力しました。するとわが子の喜怒哀楽に「自分でも驚くほど勘が働いていった」と言います。それでも、わが子との会話は皆無でした。何を聞いても、わが子は返事をしませんでした。

そんなある日のことです。

「今夜、おまえの好きなチームのナイター試合、いっしょに見に行かないか」

と父親が誘ったのです。

少年はしばらく沈黙した後、

「僕はいいよ。誰か他の人と行ってきたら」

と冷たく言いました。ほんとうはあまり気の進まないナイター試合をわざわざ息子のために誘った父親は、その言葉に思わず、腹が立ちました。でも、もうひと踏ん張りしました。

「そんなに、このお父さんが信用できないのか！」

すると、少年は表情も変えずに、こう言い返しました。

「お父さんの言うこと、信用できないよ。それに、信用するもしないも、そこまで、つき合っていないじゃないか」

　父親はふと、そのとき気がついたのです。

「拒絶されたのですが、息子とコミュニケーションがとれたんですよね。やっと返事をしてくれたことで、そのとき、なんだか胸がジーンとしてしまって……」

と照れました。つれない息子の言葉も、いまの父親には優しく聞こえるひと言なのですね。

「うん、そうだな。言われてみれば、おまえの言うとおりだな」

　父親はただただうなずくだけでした。

　幼児だけでなく、わたしたち大人もそうですが、自分の抵抗にもかかわらず、そこに勇気を出して声かけ、ふれてくると照れくさいけどうれしいものです。断られたりするかもしれないけど、勇気を出して近づく大人のそのメッセージがアタッチメントという愛着行動になっていくのです。

ちょっと一工夫　**自分に向けられた憎しみや抵抗も愛着を求めるサインだと思って、勇気を出してふれていきましょう**

エピソード31　手の温もりを伝えていますか？

ザラザラした手の母親が参観日に来るのは恥ずかしかったけど、かゆい背中をかいてくれるときのその手は、気持ちがよかった。

小学六年生の女の子の母親は、農業を営んでいます。毎日野良仕事で、母親の手はゴツゴツ、ザラザラしています。顔も真っ黒に日焼けしています。だからお化粧も上手にのりません。そんな母親が、授業参観に来てくれたのです。少女が授業中にそっとうしろをふり返ると、母親の顔がありました。ほかのお母さんと比べると、〝田舎っぺ〟丸出しですからすぐにわかりました。「ああ、恥ずかしい。でもうれしい」と少女の心は複雑でした。

そのとき、ふと母親のザラザラした手の感触が、背中によみがえりました。

「お母さん、もうちょっと右右。ああ、そこそこ。気持ちいぃ」

背中をかいてもらったときの、あの気持ちよさと温もりが彼女を包み込みました。

これがアタッチメントですね。愛着という意味ですが、広くはスキンシップも含まれます。乳幼児期のアタッチメントは、とりわけ子どもの心の安定という意味でとても重要です。子どもたちは、小さなアタッチメントの積み重ねのなかで、成長するからです。

アタッチメントはひとりでは感じることができません。かならず対象となる人がいて、その人との絡み合いのなかから、肌の温もり、心の交流が生まれます。言葉では言い表せないことも、肌を触れ合うことで伝わることもあります。また心理的な距離も肌のふれあいで一気に縮まります。感情とスキンシップのつながりは正直なものです。

離乳、友だちとの群れ遊び、通学、就職と、人として成長していくとき、誰もが不安になることがあります。その不安を乗り越えていけるのはアタッチメントの営みがあればこそです。

わたしは、このアタッチメントで培われた人間関係の一コマ一コマを「原風景」と呼んだり「還《かえ》る家」としてみなさんに語っています。

多少親子関係がギクシャクして、子どもが拒否的態度をとったとしても、母親の差し出すお茶碗を受け取るだけでも、親子のスキンシップは交わされています。肌の温もりを通したふれあいがわずかでも回復したら、それは信頼の新たな芽生えなのです。

親子で旅行に行ったり、食事をしたりすることも大切ですが、そういう場を通して、アタッチメントを育てることがとても大切です。それは、子どもの反応に親が応えてあげる、ということです。喜びや驚きを共有したり、子どもが喜んだことを親が喜ぶといったことが、アタッチメントを育てることになります。そうしたことのなかから、子どもは「かけがえのない存在」として自分が認められている「還る家」を実感できるのです。

エピソード32

自分の失敗談を、子どもに話して聞かせたことがありますか？

「お父さんの子どものころは、こんなにすごかったんだよ」って、もう自慢話はいいよ。話す気持ちが起こらなくなるから。

人はその字のとおり、ひとりでは生きていけません。支え合って人になっています。しかし気づいてみると、誰かを知らず知らずのうちに〝踏み台〟にしているものです。「自分は我慢している」といっても、かならず誰かを我慢させているものです。〝陰〟の部分を文句も言わずに支えてくれる人がいるから、〝光〟のあたる自分でいられるのですね。縁の下の力持ちの存在に日ごろは気がつかないものです。ですから〝光〟ばかりを強調しすぎる身近な人をみると、「自分の力だけで勝ち取った〝光〟ではないだろう」と、文句のひとつも言いたくなりますね。

自分の過去でも、話せる話と、話しにくい話があると思います。わが子と比較して語ることの話は、どちらかというと話しやすい〝光〟ののぞくものだと思いますが、これを何度も繰り返されると、子どもの心には、抵抗する気持ちがわくものです。親の励ましが励ましでなくなってしまい、嫌みにしか聞こえません。

信頼の架け橋のことを、カウンセリングで「ラポール」と言いますが、正論や自慢話だけの会話からは、なかなかラポールは生まれてきません。

謙虚に自分の〝陰〟の部分を語ることは、勇気のいることです。それは自分の弱味を相手にさらすことになるからです。ここで言う〝陰〟とは、失敗したことや弱音、あるいはグチといったものです。親がわが子に、自分の子ども時代の失敗談や泣いたことなどを語ることで、子どもは親を身近に感じることができ、「僕とおなじなんだね」と、安心して弱音を吐くことができます。

親が過去の光のあたった話を語ることは、それに反比例して、子どもは自分の弱点を突かれていると感じます。人は自分の弱点を突かれると防衛的になり、ときには攻撃的になります。突っ張ったり、あるいは沈黙することで自分を守ろうとするのです。

でも自分の弱点を突かれないと分かれば、そこには安心感が芽生えます。子どもが本音を語り、親に相談できるのは、この安心感があればこそです。

完全無欠の人間など、この世にはいないのですから、親も安心して、子どもに自分の失敗談を語ってほしいと思います。そうすることで、親と子のあいだに、共感と受容の雰囲気が生まれ、信頼関係が育つのです。ときにズッコケたり、とちったりしながらも、弱音を吐きつつ子どもとともに歩もうとする大人に、子どもは引かれるのです。

一工夫《ちょっと》 **相手に〝光〟をあてるには謙虚に自分の〝陰〟を語っていくことです**

エピソード33

親の気持ちを優先させて、子どもに近づいていませんか？

心配してくれるのはありがたいけど、そんな言い方はないんじゃないの。

子どもだけではなく、人は自分の「空間」というものをもっています。心から安心してくつろげる空間ですね。誰にも邪魔されないそうした空間のことを、カウンセリングではパーソナル・スペースといいます。

それは、善し悪しに関係なく、その人が生きるために心を鎮める場として獲得した心の〝領分〟ですから、親だからといって勝手に入り込んではいけません。

でも、親はわが子を心配するあまり、往々にしてこの〝領分〟に侵入してしまうことがあります。いわゆる「いい子」は、本音では「入ってほしくない」と思いながらも、自分のことを心配してくれる親の気持ちを察して、〝侵入〟を許します。そして素直に親の言い分に耳を傾けます。

人間関係とはパーソナル・スペースのかけひき、ふれ合いでもあります。この距離をかたくなに守っている人は、他人から見ると意固地に映ります。融通のきく人は、親しみやすさを感じます。だから、ついついこちらのパーソナル・スペースもゆるめになります。

いちばんの困りものは、人のスペースに無遠慮に入って、自分の心を語ろうとしない人です。言い方はよくないかもしれませんが、えげつなく、しんらつで、デリカシーに欠ける、自分勝手な人です。そのことに本人が気づけばまだ救われるのですが、そうでないと、勝手にズケズケと自分のパーソナル・スペースに入られた人は、寂しい孤独感に陥り、そこからいつまでも解放されません。これは、かなりつらいことです。誘われなくても人の部屋に勝手に上がり込み、長話をして、それでいながら自分の部屋にはけっして他人を入れない人が、その典型です。

「子どもは、親の言うことを聞いていればいい」と、一方的に思いこんでいる親は、ノックもせずに子どもの部屋に入り、自分の話を一方的にして、そして最後に、こんなことを言います。

「親がこんなに心配しているんだから、そろそろ元気を出して、頑張ってみなさい」

これでは、まるで子どもが悪役で、子どもにすべての責任があるような言い方です。

親が自分のことを十分に心配してくれていることは、子どもも知っています。だけど、子どもにしてみたら、なんだか割り切れない思いが残ります。平たく言うと「押しつけがましい」のです。相手の気持ちを尊重し、心配して考えてあげるということは、相手のパーソナル・スペースを尊重するということでもあります。

一工夫《ちょっと》 たまには気の弱い親として子どもへの不作法をわびましょう

エピソード34 子どもの悪態に、すぐ反応していませんか？

言葉は乱暴かもしれないけど、そんなにムキになって反論しなくてもいいと思うんだけど。

「オイ、おまえは俺の親なんだろ。そしたら、ちっとは親らしいこと、してみたらどうなんだ」

そんなふうに、親に向かって反抗したC君でしたが、親はC君の言葉を聞くと、即座に、こう反論したといいます。

「なんだ、親に向かってその口のきき方は。子どもだからって、言っていいことと悪いことがあるだろう」

C君は、このセリフを言うのに相当な勇気が必要でした。

「嫌がらせ」と言ってしまえばそれまでですが、人は寂しくて心細いとき、嫌みや攻撃的な態度をとって、相手の気を引こうとするものです。ときには「言いがかり」とも思えるような表現をして、相手を逃げられないような状態に追いつめたりもします。あたかもケンカを売るような言い方をすれば、相手も当然、ケンカを買うような言い方になります。最初から、そういう状況にお互いがなってしまうことがわかっていても、「そのように言ってしまう」気持ちを抑えきれないのです。

でも、強がって言ってはいるものの、ほんとうは相手にされたい、かまってもらいたいのだと思います。

乱暴な言葉を突きつけられると、そうした相手の「本音」を考える前に、

「おい、少しは素直になれよ。こっちだって〝生身〟の人間。そういつまでも〝いい顔〟はできないよ」

と拒否的な態度になってしまいます。この瞬間、お互いにどこかで求め合うものがあれば、たとえ対立したとしても関係が深まりますが、どちらかが「あきらめ」の境地になってしまうと、関係は冷えて、やり取りの後に、嫌悪感や不信感だけが残ります。

親子であるから、ぜったいに切れない縁だから、子どもは、親に向かって乱暴な口もきき、反抗もするのです。裏切られないという確証がほしくて、寂しいにもかかわらず子は親に思わぬことを言うのです。

好きだけど意地悪をしてしまうことがありますよね。このどうしようもない感情を「アンビバレンス」と言います。両面感情、葛藤と訳されます。

子どもから、乱暴なことを言われたら、すぐに反応せず、一呼吸おいて接すれば、裏と表の感情を語りだし、荒れる心を自ら落ちつかせていくものです。

一工夫《ちょっと》 **心に余裕をなくした瞬間ほど人の両面感情を考えてみましょう**

エピソード35

アドバイスのつもりが押しつけになっていませんか?

聞かされるだけのアドバイスは、人が恐ろしくなってしまうんだよね。

相手の気持ちをくみ取ることは、人間関係を保つうえではとても大切なことです。でも、くみ取るだけ(あるいは、くみ取られるだけ)の関係をつづけていると、疲れ果ててしまい、むなしさや悔しさが募るものです。それに「大切にされていない」と感じます。お互いに相手の気持ちをくみ取ったり、くみ取られることで、人間関係は深まっていきます。

相談室にきた少年は、一六歳で、中学浪人でした。「ホームスクーリング(自宅学習)が自分には合っている」と、登校しなくなって、はや三年になろうとしていました。「ぼくはいままで王様のようで、いつも誰かが気をつかってくれていた。〝楽〟していた。だから自分から求めていく必要もなく、〝裸の王様〟とおなじで自立できないんです」と、いまの苦しい胸の内を話してくれました。いま彼の「安心できる友だち」は、自宅のパソコンだけだといいます。

彼は小さいころから学力も高く、クラスでも人気者でした。小学校の教員をしている父親は、いつも彼のことを〝手厚く見守り〟、いろいろな場面でアドバイスをしてきました。

それが「親としてのつとめ」だと思っていたからです。ですから、彼はいつでも親から気をつかってもらえる立場でしたから、〝楽〟ができたというわけです。

でもそれが、思わぬ方向へと流れをかえていきます。

「相手が話をしていて、自分と考えが違っていたり、意見が食いちがうと、ぼくはケンカすることもなく、言い争うこともしないで、もうその友だちとつき合わなくなってしまったのです。気がついたら、クラスのなかでも〝裸の王様〟になっていたんです。いつも父親から聞かされるだけのアドバイスを受けていたから、ケンカして仲直りをするということができなくなって、人が恐くなってしまっていたんです」

気持ちをくみ取ったアドバイスのつもりでも、それが知らず知らずのうちに、押しつけという一方通行になっていたんですね。

父親も気がつかないうちに、受け身を強要するアドバイスになっていたんですね。

双方向（ツーウェイコミュニケーション）の気持ちがしっかりやり取りされるまで、少し腰をすえてそこに居つづけてみませんか。

ちょっと一工夫　**手間がかかっても、お互いに気持ちを語れる時間をつくりましょう**

エピソード36 立ち止まり、問いかけていますか？

言葉の裏側にある気持ちは、問いかけられて初めてわかることもあるんですよ。

幼稚園、小学校ともてはやされていた男の子がいました。

家族のなかでも、クラスのなかでも、やんちゃとひょうきんさが受けて、人気者でした。

ところが、中学に入るとクラスのなかは、それまでに体験したことがなかったような個性的な子どもたちで溢れていました。

そのなかでは彼は「平均的な子」でしかありませんでした。

ふと考えると、彼はいままで「もてはやされていただけの存在」だったことに気がつきました。

挫折感を心の奥で感じた彼は、友だちの輪のなかで受け身になり、まるで潮が引いていくように孤立していったのです。もてはやされることしか知らなかった彼は、友だちの輪のなかに自分から飛び込み、上手にとけ込む術を持っていませんでした。

彼は彼なりに友だちに「質問」しながら、とけ込もうと努力しました。

「それ、どういう意味なの？」

「僕には、君の言っている意味がわからないよ」

彼なりの切ないまでのコミュニケーションだったのですが、友だちには、「生意気なヤツ」「いばったものの言い方」と映ってしまったのです。

彼は両親にもおなじような形の質問をして、コミュニケーションを深めようとしましたが、両親からも「何を言っているんだ」と、跳ね返されてしまったのです。

やがて彼は「孤独が好き」と虚勢を張るようになり、ますます人間関係が疎遠になり、不登校となりました。

不登校の彼を訪ねてくる友だちはいません。

パソコンが好きな彼は、その知識を父親に披露し、なんとかコミュニケーションを取ろうとしましたが、父親からは「そんなことより、学校の勉強はどうなんだ」と叱責されてしまったのです。

彼は父親に、こう反論するしかありませんでした。

「これが僕にふさわしい暮らし方なんだ」

こうした背景をもって相談に来られた少年と父親。父親が、ふり返ってこう言いました。

「息子とわたしは似た者同士。自分の枠に相手がはまらないと、跳ね返したり、バカ正直に言葉の意味ばかり尋ねてしまうんです。それがいばっているように他人にはみえてしまうんですかね。他人と〝分かちあう〟ことが、まどろっこしいんです。こんなわたしに育てられたから、息子もおなじように人間関係が〝まどろっこしい〟んでしょうね。立ち止まり、問いかける努力が必要でした」

言われたことに立ち止まり、そして問いかけるのは、骨の折れることです。

でも、この気持ちを分かちあい、かみしめあう時間が互いの矛盾、不合理さも含めて肯定することになるのです。カウンセリングでシェアリングと言いますが、上っ面な人間関係を重ねたくなかったら気持ちをくみ取りあう、分かち合いの時間をとることです。

「自分から言い出せないから、問いかけてほしかったんです」

少年は父親の言葉を聞き、そんなことを言いました。

ちょっと一工夫 **「どうしたの、なにかあったの」、このやわらかなひと言から、会話の花を咲かせましょう**

エピソード**37**

いきなり本論に入っていませんか？

こちらがしゃべりたくなるまで、ちょっと待ってほしいんだよ。

カウンセラーであるわたしは、制約された時間のなかで話を聞きます。

そんなわたしの失敗談をお話しましょう。

とても無口な少女が相談室を訪れました。

ソファに腰掛け、こちらからの質問に、ポツリポツリと答えるだけで、話が一向に核心部分にせまっていきません。

面接時間もかぎられているし、わたしはあせって、「○○さんの言いたいことは、こういうことなんだね」と話をつけようとしたのです。

すると、少女は、困った顔をしてこう言いました。

「話さないと、面接にはならないのですか？　黙っていてはいけないのですか？　あまりズバズバ言われると、困ってしまうんです。そんなに言い当てないでください」

わたしは、少女がようやくまともに〝反論〟してくれたことにホッとすると同時に、あせる自分の気持ちを見透かされてしまったことに、恥ずかしさでいっぱいになりました。

「う〜ん、そうだね。ちょっとあせってしまったね。ごめんね。それにしても、きょうは暑いね。エアコン、強くしようか?」

照れ隠しとも思えるわたしの言い訳に、少女はすこしホッとした顔になりました。

人を笑わせるのが商売の落語でも、いきなり「笑い話」にもっていくことはありませんよね。かならず〝枕〟があり、「いやぁ、今朝《けさ》の雨、すごかったですね。わたしなんか、傘さしていても、びしょ濡れですよ。みなさん、大丈夫でした。そうですか……、それはよかった」といったふうに、お客さまのご機嫌をうかがって、何気なく羽織りを脱いでから、演目に入っていきます。

この〝枕〟があるから、客も心のウォーミングアップができるのですね。

ムダ話があればこそ、本筋を飲み込める心のやわらかさがつくられるのですね。

そう考えると、ムダ話はムダではないのです。

子どもでもそうですよね。

何かとてもほしいものを親に買ってもらいたいとき、いきなり「○○買ってよ」とは言いません。「お母さん、きょうね、こんなことがあったんだよ」とムダ話から始めます。そして、母親の機嫌がよさそうだと思ったら、何気なく「ぼく、○○がいいなぁっておもうんだよね。△△ちゃんも、あれいいよって、言ってたよ。◇◇くんも、もってるんだよ」と、遠回しに核心に近づいていきます。

直接本論を言わずに、間を取っているんですね。

ですからこういうときに、

「何が言いたいの。○○がほしいんでしょ。はっきりそう言ったらいいのに」

などと、いきなり本論に入らないでほしいのです。

時間に追われているときに、子どもから回りくどい言い方をされると、子どもの心を見透かして、本論にせまりがちです。

でも、回りくどい言い方、ムダ話は、その子にとっては大切な〝間〟なのです。

子どもが本論をしゃべりたくなるまで、しばらく待ってあげることが大切です。

子どもはこの〝間〟のなかで、語り出すタイミング、親の心の状態を知る、話が不調に終わったときの心の準備などをしているのです。

一工夫《ちょっと》　**つまらない話、ムダ話から本筋に入る話し方を身につけましょう**

エピソード38 おまえの悩みはわかるよ、と簡単に言っていませんか?

クイズじゃないんだ。当たったからってうれしい顔するなよ。

誰でも子ども時代があり、大人になっていきます。親にも子ども時代はありました。ですから、子どもから悩み事を相談されると、

「お母さんにも、おなじことがあったから、おまえの悩みはわかるよ」

と簡単に言ってしまいがちです。これはお父さんの場合でもおなじでしょう。

おなじ悩みは、世界に二つとしてありません。失恋にしても、友だちから裏切られたことにしても、おなじ相手に失恋するわけではないし、時代も境遇も違います。だから、子どもにしてみると簡単に「わかった」と言ってほしくないのです。わかってほしいけれど、簡単にわかってほしくないのが、子ども心かもしれません。

とくに子どもにとって深刻な、真剣な話を、「わかった、わかった」と二度返事でうなずくことは、かえって子どもの心を傷つけることになります。

父親に友だちの裏切りのことで悩みを打ち明けた中学二年生の男の子は、相談室で悔しそうにこう言いました。

「『わかった、わかった』って、何がわかったんだよ。言葉のキャッチボールをしている

んじゃないんだよ。こんな言い方をしてしまう、俺の心をなぜ聞こうとしてくれないんだ。立ち話で話すようなことを話しているんじゃないんだ」

と、父親の態度に失望したといいます。激しい言葉で、親友である友だちのことを罵り、「あんなヤツとは思わなかった」と父親に相談したのに、簡単に「おまえの気持ち、わかった、わかった」と言われたのです。父親にもおなじような経験があるとのことでした。たしかに、父親には息子の悔しい気持ちがわかったのでしょうね。

でも男の子がわかってほしかったのは、「いまの悔しい気持ち」ではなく、親友を罵らざるを得なかった経緯であり、やるせなさなのですね。どんなふうに体験したのか、そのときどんな気持ちだったのか、それがどう変化していったのか、といったことを、父親に知ってほしかったのです。

わが子から悩みを打ち明けられたとき、親の多くは似たような体験を自分も過去にしていたりしますから、その悔しい気持ちはわかります。でも、わかったからといって、あたかもクイズに解答し当たったかのような得意顔で「やっぱりそうでしょ」と、ならないでほしいのです。

あまり聞いたことのない訴えであったり、これまでに出会ったことのない、いわゆる「なじみのない」相談を受けたりすると、わからないからわかろうとして〝無我〟〝無心〟の境地で耳を傾けていきます。そして一つひとつの訴えに驚いたり、また納得したり、首を傾げつつも問い返していきます。その関心を寄せるエネルギーが本人ですら気づかなかった新たな視点の発見につながったりするものです。

ところが、カウンセラーを長くつづけ、多くの子どもたちの相談を受けていると、その悩みのパターンがみえてきたりします。でも、おなじ結論はありませんし、おなじ悩みもないのです。悩みの渦中にある子は、それが自分にとって「世界にたったひとつの、大切な、そして重要な悩み」なのです。

カウンセラーであると同時に、人の子の親でもあるわたしも、「世界にたったひとつの、大切な悩み」と向かいあっているのだということを、自戒を込めてふり返りたいと思います。

ちょっと一工夫　**人の悩みは「なかなかわからないものだ」と聴き取りの浅さを自覚しながら耳を傾けましょう**

エピソード39

子どもに助けられている、と感じていますか?

ありがとう、って親から言われるとやっぱりうれしいよね。

「カウンセラーをしておられる富田先生の家庭は、きっと理想的な家族関係で、悩みなんてないんでしょうね」

こんなふうに言われることがあります。

わたしはそのたびに、赤面します。

相手が嫌みでも皮肉でもなく、純粋にそう思っての言葉だと思うと、わたしはどう答えていいのか苦しみます。

我が家とてみなさんとそれほど変わらないと思います。

相談室のある事務所に行けば、スタッフとの人間関係があり、相談を受ければ子や親との関係が生まれます。講演にうかがえば、主催者との関係が生まれ、演壇に立てば会場に足をはこんでいただいた親御さんや先生、あるいは生徒たちとの人間関係が生まれます。目の前にいる人だけではありませんよね。人と人とのつながりは、目に見える形、見えない形でもつながっています。

カウンセラーを長くつづけていると、カウンセリングの専門書で学んだことよりも、はるかにたくさんのことを、相談にこられた子どもや親御さんから学んでいることに気づかされます。

テキストからでは見えてこない、人間関係の複雑さ、温かさ、そして厳しさ、希望や苦しみといったものを、わたしは学ばせていただきました。

子育てもおなじだと思います。

親も子どもから「親として」育てられているのですよね。

「がまんしている、たえている、損をしている」と自分自身を嘆いている母親も、実はわが子を「がまんさせている」ものです。そのことがわからないと、被害者顔をして、いつしか「加害者」側に立っていることになります。それは「傲慢な悲劇の主人公」の姿です。でも、その反対に「自分はこの子によって生かされている。助けられている」と気がつけば謙虚になり、子どものほんとうの姿も、そして自分の姿も見えてくるものです。そして、相手に歩み寄る心の余裕が生まれます。

被害者意識が強くなるのは「事実」がフレーム（枠組み）にとらわれすぎているからではないでしょうか。

「こんなことをさせられている」

「あんなことがあった」

「これをしなくてはならない」

といった事実のみを見ていると、「してあげよう」「させてもらっている」という気持ちが薄らいでしまうものです。

とらわれている事実のフレームをちょっとずらして、別の角度から見ることが大切ですね。自分のフレームから見る同感ではなく、相手のフレームから見る共感の世界です。

不登校になったわが子を夫婦でなんとかしようと必死になっているうちに、夫婦の絆が深まり、離婚の危機が去ってしまった、というケースも多いものです。

夫婦が円満になると、あれほど登校を渋っていたわが子が、安心して学校に行くようになってしまうことも多いのです。

フレームを少し変えてみたのですね。つまりリ・フレーミングしたのです。

リ・フレーミングを起こすためにも、ときには、わが子に「ありがとう」と声をかけてあげてください。

一工夫《ちょっと》 **つらいこともあったけど、子どもの悩みに後押しされてきょうまで親をやめないでこれた、と感謝しましょう**

エピソード40 こんな親だけど……、と自分自身を肯定できますか？

お父さん、それじゃ力が入りすぎて、肩こっちゃうよ。

堅物な人は、まわりから信用されますし、安心感も持てますよね。でも、いつもいつも堅物だと、まわりの者は少し疲れます。

気さくな人は、話しやすく、親しみがもてます。でも、いつも気さくにされると、何となく真剣味が足りないような、頼りなさを感じますよね。調子がいいだけの人間とまわりの者から警戒されることもあります。

完璧な人間はいません。完璧な親も、完璧な子どももいません。完璧でないから、人間は味があり、おもしろいんですね。

完璧になろうと努力することは大切なことですが、でもあんまり肩肘を張りすぎると、堅物すぎる人とおなじように、まわりの者を疲れさせてしまいます。

「お父さん、教育熱心なのはわかるけど、そういつもいつも、理想ばかりを追いかけたら、パンクしちゃうよ。話すとき、貧乏揺すりするでしょ。目をとんがらせるでしょ。口をへの字にするでしょ。それじゃ力が入りすぎて、肩がこっちゃうよ。こっちまで緊張しちゃうよ」

と、相談室で父親に向かって、中学二年生の少女が言ったことがあります。ちょっと堅物すぎる父親を「牽制」したんですね。

でも、父親にしたら、そう言われても、「それが自分なんだ」からと、簡単に軌道修正できるものではありませんし、そんなに器用ではありません。器用だったらとっくに、もっと柔軟な父親になっていたでしょう。

「不器用な父親」でいいのだと、わたしは思います。大切なことは、「これがお父さんなんだよ」と、不器用なその姿を、自分自身で肯定してあげることだと思います。無理に変えようとしても、変わるものではないからです。でも、自己を肯定することで、「こんな不器用なお父さんだけど、変わるように努力してみるよ」と、心の余裕が生まれます。

これまで、「子どもには自己肯定感が必要」と何度も言いましたが、親自身もそれは必要なことだと思います。

「子育てに失敗した」と悔やむ母親の姿を何度も見てきましたが、一生懸命だった自分の子育てを、「そうするしかなかったんだ」と一度、肯定してほしいのです。そこからきっとなにかが見えてくるはずです。「子育てに失敗した」といって、親が自分を全面否定してしまったら、子どもは行き場がなくなるではありませんか。

「こんな親だけど……」

と素直に自分を肯定でき、ズッコケた姿を子どもに見せることができれば、

「こんなボクだけど……」

と子どもも自己肯定でき、親とおなじように、ズッコケた姿を見せて甘えることができるのだと思います。だから、人に甘えるということは勇気のいることです。

人を信じる勇気です。信じることなくして向きあう意味はないのです。

一工夫《ちょっと》　**受け入れられない自分だとしても〝光〟の部分もあることをみつけていきましょう**

40のエピソードをふり返って……

子どもを〝生活の必需品〟にしていく声かけをしましょう

わたしはわが子に対してもそうですが、みなさんにも「あなたは子どもを〝生活の必需品〟にしていますか」と問いかけることがあります。

〝品〟のない言い方ですが、わかりやすさで勘弁してもらっています。

衣・食・住のように、生きるうえで具体的に「なくてはならない存在」に子どもがなっているかです。抽象的な関係ではなく具体的に〝児童虐待〟といわれようと、子どもの手を借りなければ生活が維持できないほどに必要な存在になっているかです。

ノスタルジアで語るわけではありませんが、貧しい薪屋の子どもとして一人っ子で生まれたわたしは行商に出かけていく両親から言いつけられた手伝いを忘れてしまうと叱られ、殴られたものです。汗水垂らして働く両親は、少ないおこづかいをムダづかいすると母親が泣いてわたしを叩きました。伐採したガケ下の丸太を「足元に気をつけろ、すべるからな」と父親に怒鳴られつつ、道ばたまでかつぎあげる重労働は小学校五年生のころから当てにされました。

貧しさを克服したい一途な思いが互いを〝生活の必需品〟にしていたと思います。

親の暴言・暴力も〝気まぐれ〟ではなく〝生活〟を維持するためと思えば、憎しみも「嫌な親」程度でおさまっていたのかもしれません。突き放されるような親の〝失言〟も当てにされる関わりのなかで、ほめられたりして癒されました。人間関係が紡ぎ合うように、貧しさを乗り越えるためにできていたのでしょうか。うっとうしくもありましたが、孤立感は少なかった気がします。誰かを対象化して自分を〝現実検討〟できたと思います。

ところが「うっちゃり育て」と言いながら、猫の手も借りたいときにはおだてても子どもの手を必要としていた時代はすぎ去りました。日本社会は、高度経済成長の豊かさとともに人間関係は希薄になり、互いの気持ちをくみ取るエネルギーはわいてきません。二一世紀に入っても親子、家庭、学校ともに寂しい、癒されたい、に語りつくされています。

カウンセリングのなかで出会った子どもたちの「つぶやき」をいまふり返ってみると、孤独感は深まるばかりです。

しかし、人はそれほど孤独に強くはありません。まして子どもたちに紡ぎ合う喜びを提供することなく関わりつづけてはニヒルな子ばかりの世となります。生きる力を掘り起こし、〝心田〟を耕す鍬《くわ》や鋤《すき》としてカウンセリングマインドを40のエピソードからご紹介してみました。

第4章

子育てハート《カウンセリングマインド》の原点は保育

これまでたくさんの相談事例を紹介しつつ「子どもの心を聴く」ためにわたし自身が関わってきたカウンセリングの一コマ一コマをみていただきました。

ここではさらにその関わりのベースになるカウンセリングマインドについてふれてみたいと思います。

＊　＊

カウンセリングマインドとは、人間関係の向きあい方の、その心の原点（骨格）をいいます。そしてとくに保育にその学びがあるとわたしは思っています。

保育は、人の誕生と生きる意味を、保護者、そしてなによりも当事者である子どもたちと、かみしめ合い（確認・承認・肯定し合い）ながら、人とどう向きあえばいいのかを、問いつづけるものです。

ですから、保育カウンセリングとは、人間関係の芯にせまるもので「子育てハート」ともいえます。

この本を読んでおられるあなたが、保育関係の仕事にお就きになっていなかったとしても、保育カウンセリング（子育ての心）を自覚することで、奥行きのある子育てが可能になると思います。

人は互いに、その苦しみや悲しみ、そして存在そのものを誰かにあずけたり、また請け負ったりできるものではありません。つまり、無力な存在です。しかし、無力ではありますが、無価値ではないのです。

人の心が気になったときが、その無力と向きあうときであり、ただその気持ちを聴くことで、存在そのものを肯定することができるのです。

＊　＊

幼児や園児の素朴な言葉に込められた、子どもの心にどう応えるか、保育者から寄せられたいつくかの相談実例を通して、保護者や子どもの心を聴くための接し方のカウンセリングマインドをQ＆Aで学んでみたいと思います。

この章では、保育者へのアドアイスという形をとっていますが、保育者から見た保護者の姿も見えてきます。

親としての気づきの一環としていただければと思います。

この世に「困った子で生まれたい」と願って誕生した子はいない

Q 両親が離婚している五歳児のEくんが、おじいちゃんの絵を描いてきたので、「じょうずね」と言ったところ、「ハナクソ！」と言い返してきました。いつもこんな調子で、素直でないのです。

A 人は年齢に関係なく、生きていくうえで自分の計らいではどうすることもできない苦しみを抱えることがあります。たとえば、「どうしてこの両親のもとに、自分は生まれたのか」ということです。

もちろんしあわせなときには、苦しみにはなりません。しかし、悲しみに変わったと同時に〝不幸な境遇の身〟となるのです。また、幼くして大きな病を背負うことになったときもおなじです。

しかし、自分にはあずかり知らぬその苦しみや悲しみを背負って生き抜く当事者は、その子ども自身なのです。いくら親や関係する人を恨んだり、憎んだりしても、それを背負うのも、やはりその子なのです。あなたがいくら「立派な保育者」といわれる人になったとしても、あるいは尊敬する先輩や主任や園長でも、その子の背負う苦悩を代わってあげることはできないのです。もちろん保護者もおなじです。

「素直でない」と感じられたあなたは保育者としての無力さを、きっと、その子から突きつけられているのでしょうね。ですから「ハナクソ！」と言われても、そこから逃げ出さないで立ちすくんでいるあなたが、わたしにはとてもいじらしく、健気に思えます。その子の両親や、その子に代わって「ありがとうございます」と申しあげたいくらいです。

人は巡りあわせや組みあわせで、努力しても報われないときがあります。そんなとき、傷ついた心を乗り切るために、誰か心を寄せる人に弱音やグチを言ったり、ときには悪態をついてみたくなるものです。それをただ聴いてもらえるだけで、素直な心を維持できたり、取り戻せたりするのです。悪態も、生き抜くための努力の〝証〟として、しっかりと受けとめてあげましょう。

子どもの心がわからなくなったら誕生の原点に立ち返って、自分にも「困った子」になってみたかったときがありはしなかったかを思い出せばいいのです。

■「困った子」は「困っている子」

Q **子どもが自分の思いをしっかりと言葉にすることはむずかしいと思いますが、それにしてもグズグズして、何ごともはっきりしない五歳児のFちゃんに手こずっています。**

A わたしの相談室で、ある不登校の中学二年生の少女が、幼いころから母親に冗談とは思いつつも「グズ子」と言われて育ったつらさを、その母親の前で告白したことがありました。

「グズグズしていたのは、不安だったからよ」

その告白は、日ごろカウンセリングをしているときよりも、ずっとはっきりした言葉でした。

母親は最初、まったく知らなかったという表情でしたが、少しずつ思い出したのでしょうか、その少女の日ごろの「グズさ」からは想像もできない多弁さの前に、こう言って謝ったのです。

「お母さん、悪気はなかった。ただお母さんは、あなたのことを思うと不安だった。だから、ときどきあなたのことを考えないようにして、もっと優しい母親になろうと努力していたの。けっして無視していたわけじゃないから、そのことだけは信じてね」

しばらくしてから、少女はほほえみを浮かべてこう言いました。

「お母さんは、グズグズしていたわたしが、嫌いなわけではなかったのね。きょう、話してみてよかった。否定されるのが怖くてグズグズしていたのか、グズグズしているから否定されるのか、わたしはずっと困っていたの。それでもがんばって、小学校まではと思って通った。わたしのそのことも信じてね」

それから少女は、少なくともわたしと母親の前では手こずらせることもなく、はっきりとした子になっていきました。

困った子とは、〝困っている子〟なんですね。その子の不安を察しつつ、決めつけないように余韻を含んだ〝誘い水〟をして、気持ちを引き出す働きかけも大切です。

■悩んでいることは現実と向きあっていること

Q おもちゃの貸し借りや、順番待ちなどができず、すぐ相手をたたいてしまう五歳児に困惑し、わたし自身も保育に自信をなくしがちです。

A モラルは、大人にとっても難題です。にもかかわらず、健気な存在としての子どもたちに、そのモラルを素直さと結びつけて期待してしまうことがあります。それも、保育者の親心があればこそです。

あなたも、これまで何度も何度も言ってきかせてきたのでしょうね。そして子どもというより、自分の保育者としての力量に何度も何度も悩んだのでしょう。

よく育児は〝育自〟と言いますが、子どもの悩みが深ければ深いほど、親は親らしく、保育者は保育者らしくさせてもらえるものなのですね。ただし、関係から逃げてしまってはそういったチャンスはありません。悩んでいる保育者は、子どもや保護者との関係を大切にしている、立派な保育者なのです。

さて、たしかにルールやモラルへの従順さが期待しにくい子は、トラブルを起こしがちです。また、保育者自身の正義・倫理観が強ければ、そこでも対立感情がわいてきます。

ですから、保育を通して保育者も自分自身と向きあい、それを高めているのですね。

ところで、友だちや保育者との関係のなかに身をおいている子どもは、トラブルを起こしたくて起こし、嫌われることを承知で、たたいているのでしょうか。ふれ合いたいのに、ふれ合えないでいるのではないでしょうか。

自分の気持ちを伝え、相手の気持ちを待って聞くという〝間《ま》〟の育ちに原因があるのだと思います。

突然に相手をたたくのは、間のとれない唐突な拒絶のふれ合い方です。そして、間もなく大人に叱られる、というわけです。この悪循環のなかで、もしかしたら彼は、たたくことで自分の何かを守っているのではないでしょうか。ましてや言葉による表現にもどかしさをもっていれば、なおさらです。

叱る前に、少し間をとって、あなたが「順番待ちができないほどほしくなった気持ち」を言葉にして、その子に伝え返してみませんか。そして、たたかせないことを指導するよりも、そのことから仲直りする体験をさせたいものです。

■「悪気はなかった」という見方を大切に

Q **ほとんど毎朝、登園時間に遅れる保護者に困っています。慌てているせいか、子どもはいつも一時間くらいぐずりっぱなしです。**

A 遅れて登園してもかまわない園ならよいでしょうが、多くの園では困ることですよね。子どもも登園を前にして、朝の用事や身支度に忙しい母親に困っているのかもしれません。そして、その保護者に寛容になっているうちに、いつの間にか互いに遅れることに鈍感になったりして……。

冗談っぽい言い方に聞こえるかもしれませんが、人と向きあう仕事をする人は、人の心の多面さを知ることが大切です。なぜならば、人とは、また人間関係とは、刻々と変化するからです。

さて、子どもにとって毎日通う園でも、朝のならしあそびの時間は大切です。遅刻してくると、人間関係のふさわしい距離を築くウォーミングアップができないので、子どもも本人は大変でしょうね。保育者もそこを気づかうわけですが、「入れて」とほかの子たちの輪に入っていく負担が何よりも大きく、関わりへのあきらめが心配になるところです。

にもかかわらず、遅刻することが保護者にとって、一つの流れになっていることが、保育者として頭の痛いところでしょう。

カウンセリングでは、「行動には意味がある」という見方をします。その保護者の、「遅刻せざるを得ない、するしかない気持ち」にふれてみる努力をしていますか。また、遅刻にこだわらず、無頓着になれるとしたら、それなりの価値観があるのかもしれません。つまり、「悪気はない」ということです。

しかし、そこでの大人の無理解・誤解が、子どもの将来に悔いを残すことになっては、それこそ困ったことです。保護者の遅刻を認めるということではなく、してしまう気持ちを少し深入りして、尋ねてみませんか。

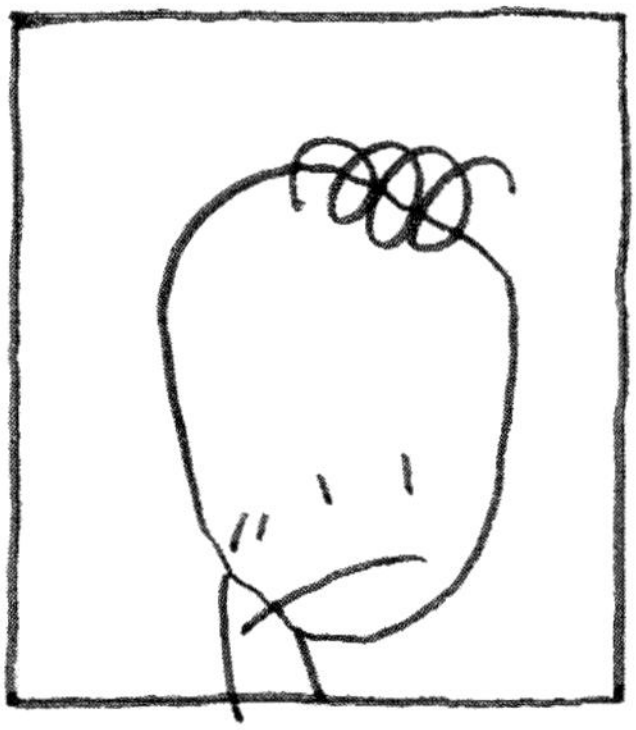

■人は「解決する」聞き方を求めてはいない

Q 小学生になっていじめられないためのトレーニングをしてほしいと要求する保護者がいて、困惑しています。

A 子どもたちにとっては、家庭や園での毎日がそのまま人間関係のトレーニングなのに、あえてトレーニングしてほしいと言われると、戸惑いますよね。その戸惑いに、あなた自身がまず向きあってみると、先が見えてくるように思います。

保育者としての自分が、子どもたちへの関わり方について、その至らなさをこの保護者から指摘されているように感じているということはないでしょうか。プライドを刺激されるということです。すると、「わかっていない親だな」という気持ちにもなりますよね。

子育てのしんどい部分だけを、保育者に任されているようにも思えて来ます。百歩ゆずって、わが子の行く末を思う一途な親心とは思いつつも、それこそ一途な心を刺激する要求にも感じられてきます。

すると、ほかにも園や保育者に不満や物足りなさがあって、そのサインとも思えてきます。保護者が訴えてきた言葉を拾っただけではわからない、その奥に隠されていることにも心を寄せてみる必要があるでしょう。

カウンセリングではこうした相手の見えない、言葉にできない気持ちを推しはかってみる働きをとても大切にしています。日々の保育でいえば、喃語《なんご》（嬰児のまだ言葉にならない声）を聞く姿勢です。

言葉を聞く前に、少しだけ手間をとって気持ちを聴く向きあい方、つき合い方です。聴く態度をリスニングマインドと言います。

保護者は、あなたとの関係が揺らぐことを覚悟して、捨て身で言ってきているのかもしれませんね。わが子に人間関係を築く力が育っていないことへの不安が、根っこにあるのではないでしょうか。そして、その不安がトレーニングという表現になったのでしょう。まず、保護者の葛藤を聴くことを心がけましょう。

つまり「解決」のために聴くのではなく、相手の不安を途中で切り捨てないで「せめぎあって、折り合って、お互いさま」で聴きつづけることです。そのとき気持ちは落ちつくところに落ちつくのです。

親自身がわが子を受け入れられないときにトラブルが起こる

Q わが子が園になじめないのは、保育者の受けとめ方が悪いからだと、責め立ててくる保護者に悩んでいます。

A 園や集団になじめない子どもへの関わり方については、保護者へのアプローチも含めて、苦労することが多いでしょう。わが子が園になじめないのに、保護者が保育者と打ち解け合えているとしたら、それこそすばらしい〝子育て支援〟であり、子どもたちが信頼関係を学ぶべき、すぐれた教材ともいえます。

また、保育者であれば当然、子どもから「園に通うのが楽しい」と言ってもらえるような努力を、日々積み重ねていることと思います。

昨今、〝子育て支援〟という言葉も一般的に使われ、市民権を得てきました。これはもちろん、「保育者に子育てをしてもらえる権利」が一方的に保護者にあるという意味や制度ではありません。しかし、保護者の園への送り迎えが子どもの〝受け渡し〟的色合いをもってしまうと、子育ての支援の本来の趣旨である「子どもと保護者と保育者がともに育つ保育」が希薄になってしまいます。

そして、いつの間にか手段が目的となって、まるで犯人さがしをするかのように、保育の責任追及がはじまったりします。これは、子どもにとって大切な保護者と保育者が不信をあらわにする姿ですから、悲しみの極みです。

子育て支援とは、子どものために保護者と保育者がしっかりと互いを支え合い、向きあうことですが、向きあい方は、〝対決・対立〟ではなく、〝理解と分かち合い〟です。ですから、支援は、援助する側・される側というように、対立的に考えるものではありません。また、園が保護者に子育ての〝お膳立て〟をするというような発想は、慎まなければなりません。それでは、園任せになりがちだからです。基本は、「親なくして、子はこの世に誕生していない」ということです。

保護者がわが子を何とかしてほしいと願うのは、親自身が何よりもわが子を受け入れられないからです。そして、そんな気持ちを保育者にわかってもらえないという思いから、〝不利益〟として責任を追及するのでしょう。

なかなか子育てのつらさを語れない保護者に、グチや弱音を安心して言ってもらえる保育者になってくださいね。

気になっていることは関わっていること

Q **子どもの発達が気になり、やたらと「○歳だったら、××ですよね」と確認や質問をしてくる保護者に困っています。**

A 「気になる」ということは、関わっているということです。保育者が保護者について悩むなど、気になるというのは、真剣に関わっているという証拠です。

そして、悩むということは、自分の取り組む課題を自分で発見できたということです。ですから、あなたは関わることが仕事の基本である保育者として、気になるほど悩む自分に誇りをもってください。

保護者にとっては、発達の目安が達成ラインになっているのでしょうね。たぶんそこには、わが子の成長への具体的な不安が思い起こされているのでしょう。さらに、その問いかけに対し、あなたは何か保護者が子どもに向けた別な価値観や、強い期待などを感じているのではないでしょうか。

さて、その不安や期待は、どこからわき起こってくるのでしょうか。完璧に達成ラインにのせられなければ、ダメな親とまわりから評価されるのではないかという保護者自身の不安からだと思います。

これは、保育者にも言えることです。保護者の問いかけに「困って悩んでしまう保育者」ではダメだと思う心です。きっと、送り迎えの立ち話では語りつくせない不安が、あなたと保護者のあいだで錯綜しているのではないでしょうか。その不安の表面だけがポンポンと飛び出て、根っこにせまれないもどかしさが、あなただけではなく、保護者にもあると思います。ですから一度、「少しだけお時間をいただけませんか？」などと言って、話をする機会をつくることも大切ですね。

「ただ、やたらとする質問」と思えても、その〝たわいない話〟のなかで、保護者自身が子育てに揺れる心を鎮めていることも事実です。理屈抜きに、ただうなずいてほしい保護者の心も侮らないことですね。不安や悩みは、もってよいのです。それが、自己否定から抜け出せる道なのです。

あとがき

ネットでは伝えきれないものがある
――ＩＴ時代の子育ては深く関わること――

日常生活においてリアリティーが希薄だと、空想と現実の見分けがつきにくくなります。

わたしたちが生きているのは「現実」です。それにもかかわらず、空想の世界を現実のものと思い込み、人を傷つけたり、あるいは命を奪ってしまうという悲しい事件が起きています。

空想の世界なら許されても、現実になったら許されないことがあります。すると、罪を犯したあとに「わたし、どうなるの？」と、現実を突きつけられておののくことになります。

空想の世界、いわゆるバーチャルな世界と現実世界の決定的な違いは、そこに生身の人間が介在しているかどうかです。

バーチャル世界の典型であるシミュレーションゲームでは、人間が簡単に死にます。そしてリセットすると簡単に生き返ることができます。でも生身の人間はそうはいきません。

「バーチャルはバーチャル、現実は現実。区別するのは簡単」と言う人もいます。でも、そんなに簡単でしょうか。

先日もある小学校の保健室の先生が、

「死んだ小動物を抱えてきて、いつ生き返るのか、とたずねてきた子どもがいて、死んだら生き返らないのよ、と伝えてもよくわからないまま帰っていった」

という話をわたしにしてくれました。

バーチャル世界と現実世界の狭間が、いわゆるネットの世界だと思います。このネット社会の危うさを見ると、区別が簡単でないことがわかります。

ネット社会は、メールなどのデータをデジタル情報として、やりとりします。発信者も受信者も生身の人間なのですが、あたかもシミュレーションゲームのように、気に入らない相手なら、即座に切ってしまうことができます。あるいはとことんやり込めて、相手が反論する前に、通信を断ってしまうこともできます。バーチャルなシミュレーションゲームといっしょです。自分は傷つかないで、いくらでも相手を傷つけることができるのです。だから、どぎつい言葉を平気で書き込むことができるのだと思います。そこでのコミュニケーションは双方向にみえて、実は一方通行なのです。

傷つく関係は生身の人間同士でもおなじですが、ネット社会とはっきり違う点は、傷つけた相手の顔が見える、その心の痛みが見えることだと思います。だからこそ、人はなるべく、傷つけないように話し、言葉の一つひとつに、表情の一つひとつに気をつかうのです。それはとても煩わしことです。イライラすることです。すっきり、さっぱりしていないことです。泥臭いことです。簡単にオン・オフできない関係です。それはつまり、ネット社会の対極にあるリアリティーの世界です。

バーチャル世界は、自己中心です。その自己愛の世界にいるかぎり自己は完全に傷つくことがありません。否定されそうになったらリセットすればいいのです。自己を否定されない世界ですから、ある意味、とても居心地のいい万能感いっぱいの世界なのです。だからどこかでその肥大化した自己愛が傷つけられると、その瞬間に攻撃的感情がわき、行動化しやすいのです。

こんなふうに、傷つかないネット社会をみていくと、人間関係の関わりのしんどさに耐えきれない子どもや若者が便利で合理化し、「ハマル」のがよくわかります。

人間関係が危うくなろうが、そのことで犯罪が起きたり、犯罪にまきこまれそうになったとしても、「自己を否定されない」ネット社会という〝安全地帯〟に浸れるのは、ぬるい温泉にずっと入っているような快感です。

いま、ここではネット社会とこの現実社会のことで話していますが、いまの子どもたちにとっては、この「ネット社会」こそが、現実社会（時代が求める社会、といっていいかもしれません）なのかもしれません。

ふり返ってみれば、戦時中は「戦争に勝つこと」が現実社会（時代が求める社会）でした。高度経済成長の時代は「消費と所得倍増」「学歴社会」こそが現実社会でした。

でも、そこから何が得られたでしょうか。

戦争によって命が奪われ、高度経済成長によって一家団欒が失われました。得られたものは少なく、失った「現実」のほうがはるかに大きいのです。命は何よりも大切な「現実」です。また「家族の絆」も大切な「現実」です。にもかかわらず、それを失いました。社会が求めたバーチャルなものによって、関わりあわなければわからない人の心が失われたことを忘れてはいけません。ネット社会がさらに裾野を広げているから、より強くそのことを意識したいのです。

親の世代も、そのまた親の世代も、バーチャルな世界と「現実」をごちゃ混ぜにした世界で生きて、そして大切な「現実」を失ってきたのではないでしょうか。いま、このネット社会で失いつつあるもの、それは「生身の人間関係」という「現実」であるような気がしてなりません。

わたしたちは、そうしたことに薄々気づいています。

人間関係は文字や言語以外のところでも、しっかり関わっています。だから知識や情報の豊かさだけで人間関係を深めていくことはできません。関係はあっても、関係性がないと、そこに心のやりとりは育っていかないのです。

つまり、人と人との関係の取り方によって、その見方や感じ方に変化が生まれ関係性も刻々と変わっていくのです。

メールによる文字でみれば「はい」という承諾の返事も、実際の会話でみれば抵抗を含んだ「はい」かもしれません。この微妙な心の変化はメールだけを信じていては理解できません。

知識と情報のネット社会の便利さと、そこに頼りすぎることで希薄化する人と人との関係性をもっと注意深くみていく必要があるようです。そのカギが共感性の回復です。

＊　＊

さて、戦前・戦中、そして高度経済成長の時代に祖父母にかまってもらえなかった、いまの親世代は、わが子とどう接してよいのか戸惑うことばかりです。そして、この子たちは、ネット社会にハマリ、オン・オフのデジタルな人間関係で、危うい〝自己肯定〟を得ています。

世代間の断絶などといわれますが、実は、つながっているのです。

高度経済成長に忙しく働きつづけ、わが子と接する機会を失っていった祖父母の時代の影響が、その子どもである親の世代に現れ、その偏差値世代の親の影響が、いまの思春期の子に現れているのです。ですから、祖父母が「わたしたちの子ども時代は、年寄りも子どもも大切にしたものだ」とか「いまの子どもは、人を敬うことを知らない」などと、他人事のように語ることは許されないと思います。他人事ではなく、それは自分事なのです。

他人事のように思うのは、それこそ「リアリティーが希薄」なのです。

いまこそ、厚い層ともいえる祖父母が、親や孫たちが不得意とし、躊躇し、迷っている「生身の人間関係」に介入していく必要があると思います。

そこには、たしかに傷つくリスクがあります。でも、失うことよりも、そこから得ることのほうが、はるかに大きいと思います。また祖父母にはその使命があると感じます。

「文化は違っても、同居してわかりあう努力をしていこう」

と呼びかけることで、ネット社会では伝わりにくい生命の継承が孫たちにできます。祖父母の人生を日常生活で小耳にはさんだり、戦前・戦中のどさくさで生き抜いてきたリアリティーを、親や孫も覚知できるのです。懐古趣味で語っているわけではありません。リアリティーは生身の悲喜こもごもを日常のなかでかいま見てこそ、獲得できるからです。

ネットやパソコンゲームに夢中になっている孫に対して、「おじいちゃんと遊ぼう」「おばあちゃんと散歩しよう」と言えますか？

お父さん、お母さんはどうですか。

「お父さんと遊ぼう、お母さんと話をしよう」と、ちょっかいを出すことができますか。ちょっかいを出すことで空想と現実の見分けのつけられる子どもに育てることができるのです。

もしかしたら、子どもは無視するかもしれません。それでも、あきらめずに、ちょっかいを出せますか。子どもがかまってほしいとき、「忙しいからいまはダメ」と無視した分、今度は、子どもから拒否されるかもしれません。親やおじいちゃん、おばあちゃんと話をするより、ネットやパソコンで遊んでいるほうがおもしろい、という状況をつくってしまったのは、ほかならぬ大人たちです。

ネット社会で起こる悲しい少年事件に接すると、すぐに携帯電話、ゲームを子どもたちから取り上げるような話がでてきます。否定することより、ゲームに負けない魅力ある大人になればいいのです。

子どもにおとぎ話をしてあげられますか。

昔話をしてあげられますか。

自分の子ども時代のことを語ってあげられますか。

泣いたときのこと、笑ったときのこと、友だちのこと……話してあげられますか。

子どもに語ってあげた分だけ、子どもは親に語ってくれるのだと思います。語り合うことは、人間的刺激です。

これはネット社会では決して得ることのできないものです。

そして、このことが人間として大切な、失ってはいけない「現実」だと思うのです。人と人との生身の人間関係です。煩わしくて、泥臭い人間関係です。泣いて笑って、弱音を吐いて、グチをこぼせて、苦虫をつぶした顔が見える人間関係です。

＊　＊

時代とともに、わたしたちは大切なものをなくしてきました。

それが人との生身の絡み合いのなかで育てられる共感性です。自分を大切にしてほしいと思う一方で、他者の気持ちや痛み、喜びを察してみる、これが共感性です。

このところ連続して起こる少年事件の審判などで、この「共感性」の欠如がきわだって指摘されてきました。たとえば長崎県の佐世保・小六児童殺害事件（平成16年6月）でも、加害者の少女については「他者の視点に立ってその感情や考えを想像し、共感する力や、他者との間に親密な関係をつくる力がそだっていない」（二〇〇四年9月15日長崎家庭裁判所佐世保支部）とふれています。

いま、子どもたちよりもわたしたち大人のほうがむしろネット社会にあぐらをかきすぎて、共感性をなくしていることはないでしょうか。だから子どもたちの心の声が聴こえてこないのです。

なんでも知的に割り切り、短時間で効率的にすすめていくなかで、切り捨てられていく子どもたちの気持ちを、もっと日常的なところから、そのことをみなさんといっしょに考えていきたいと思い、書き進めてきました。

そして、共感性を取り戻すためにはどうしたらいいのかも、わたしの相談活動から提案させていただきました。

いかがでしたでしょうか。本書は子どもの息づかいが聴こえてくるためのカウンセリングエッセンスをたくさんの相談事例にそって紹介してきました。その意味では親、教師だけでなく日常的に相談活動に従事される方にも参考になろうかと思います。姉妹図書『新版・子どもの悩みに寄り添うカウンセリング』とあわせてお読みくだされば幸いです。

なお、相談事例は真意を変えない範囲で脚色してあります。最後に、企画・編集の労をとってくださったハート出版の日高裕明社長と藤川進編集長に感謝申しあげます。

本書収録の一部掲載誌
月刊『教職研修』（教育開発研究所）二〇〇三・八月号
月刊『保育のひろば』（メイト）二〇〇四・二月号
月刊『教育大阪ビーボラビータ』（(財)・大阪市教育振興公社）二〇〇四・九月号
加筆のうえ、出版いたしました。記して感謝いたします。

富田富士也（とみた・ふじや）

1954年、静岡県御前崎市出身。
教育・心理カウンセラーとして青少年への相談活動を通じ、絡み合いの大切さを伝えている。「引きこもり」つづける子どもや若者、その親や家族の存在にいち早く光をあて、現在は保育、看護、人権にも関心を寄せている。
現在「子ども家庭教育フォーラム」代表。文京学院大学生涯学習センター講師。日本精神衛生学会理事。日本学校メンタルヘルス学会運営委員。全国青少年教化協議会評議委員。日本外来精神医療学会常任理事。千葉県松戸市在住。

■主な著書
『新／引きこもりからの旅立ち』（ハート出版）シリーズ①
『言ってはいけない親のひと言』（ハート出版）シリーズ②
『心のサインを見逃がすな』（ハート出版）シリーズ③
『子どもが変わる父のひと言』（ハート出版）シリーズ④
『傷つきやすい子に言ってよいこと悪いこと』（ハート出版）シリーズ⑤
『子育てに立ち往生の親子へ』（ハート出版）シリーズ⑥
『いい子を悩ます強迫性障害Ｑ＆Ａ』（ハート出版）
『「いい子」に育ててはいけない』（ハート出版）
『子どもの悩みに寄り添うカウンセリング』（ハート出版）
『心理カウンセラーをめざす前に読む本』（学陽書房）
『還る家をさがす子どもたち』（東山書房）
『家族相談室』（毎日新聞社）
『引きこもり一週間脱出法』（学研）
『ストレスから子どもを守る本』（ＰＨＰ研究所）
『父の弱音が荒ぶる子を救う』（ハート出版）
『キレる前に気づいてよ』（佼成出版）
『ムカつく子どもの本当の心理』（佼成出版）
『引きこもりと登校・就職拒否、いじめＱ＆Ａ』（ハート出版）
『心を支える50の言葉』（ＰＨＰ研究所）
『甘えてもいいんだよ』（大和出版）
『心を耕してみませんか』（北水）
『ねぇ、ぼくの気持ちわかってよ』（法蔵館）

●講演カセットテープ
『ぼく、心が痛いよ／二本組』（ハート出版）
『還る家をさがす子どもたち／二本組』（東山書房）

講座（文京学院大学生涯学習センター）
●個別相談・講演・研修・通信等のお問い合わせは……
〒270-2253 千葉県松戸市日暮２－６－７　ベルテ松戸１０１
TEL・047-394-6000　FAX・047-394-6010

バーチャル時代の子育て３つのキーワード
子どもの心が聴こえますか？

平成16年11月5日　第１刷発行

著者　富田富士也
発行者　日高　裕明
発行　株式会社ハート出版
〒171-0014　東京都豊島区池袋３－９－23
TEL.03-3590-6077 FAX.03-3590-6078

ハート出版ホームページ http://www.810.co.jp
ISBN4-89295-503-5　編集担当／藤川　印刷・中央精版
乱丁、落丁はお取り替えいたします　定価はカバーに表示してあります